《枕草子绘词》（局部）

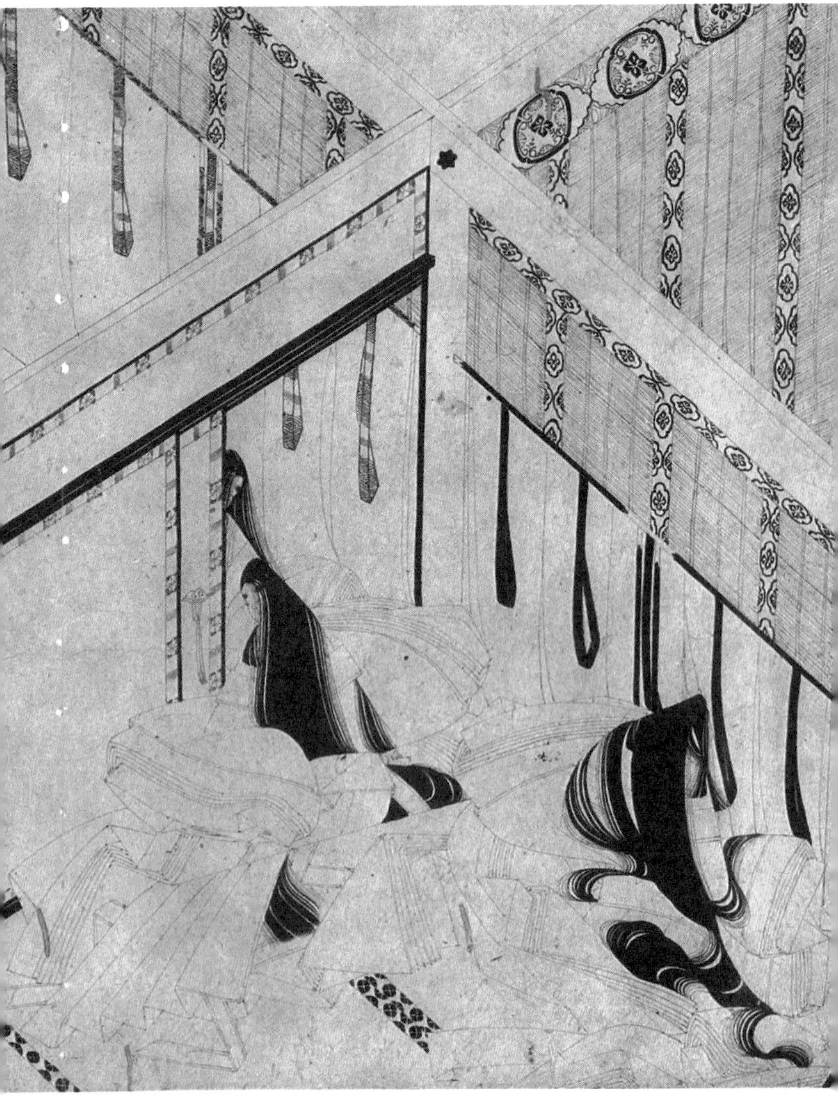

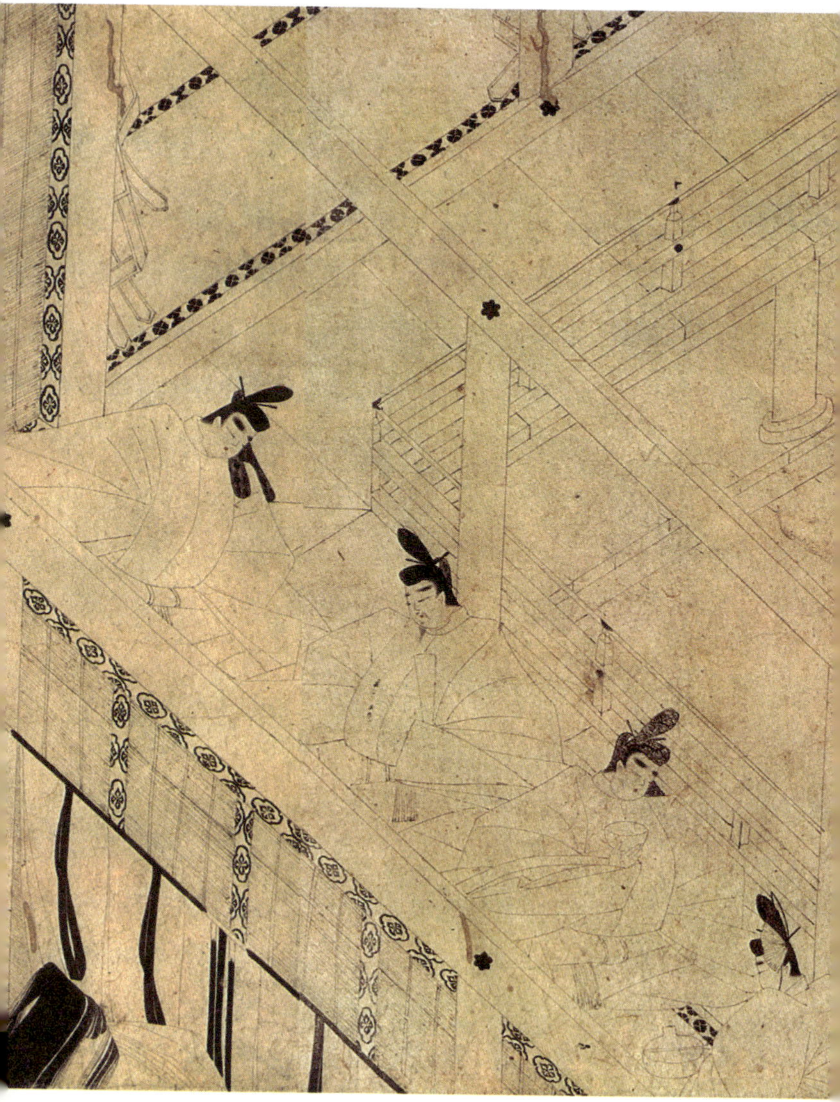

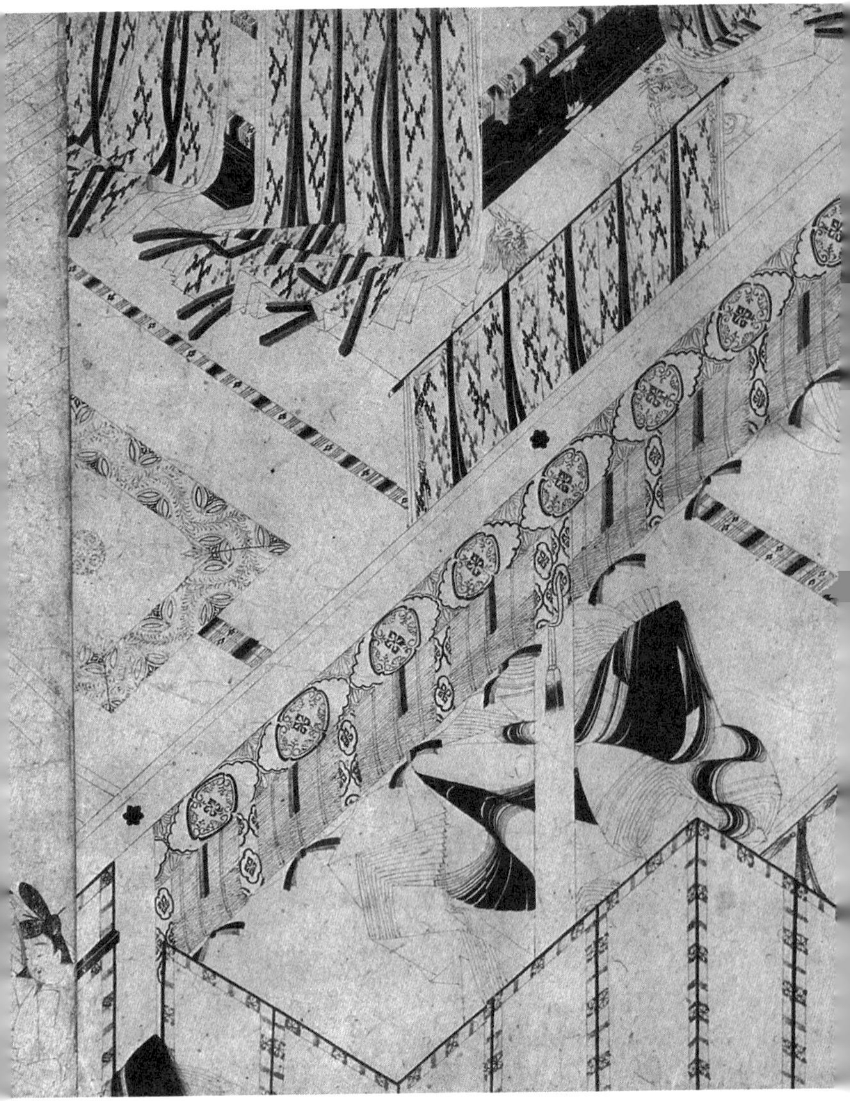

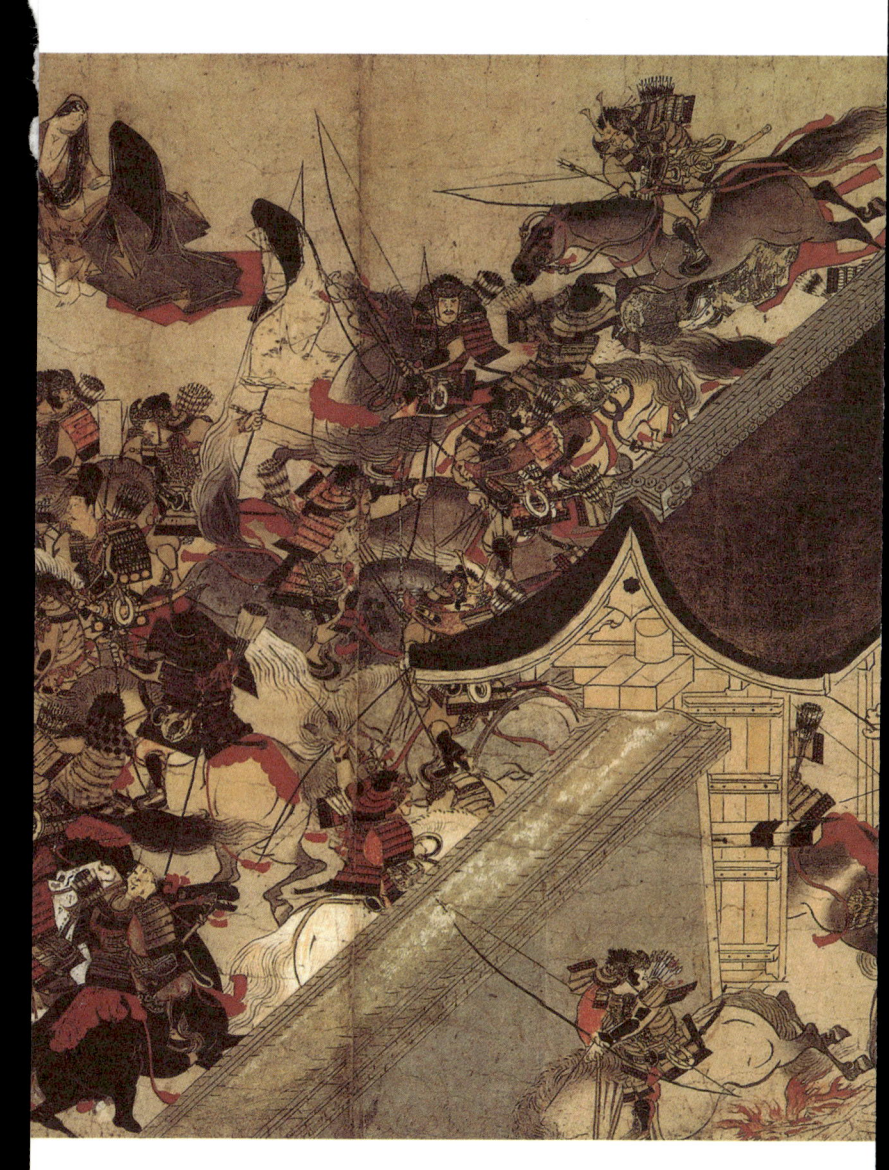

《平治物语绘卷》(局部)

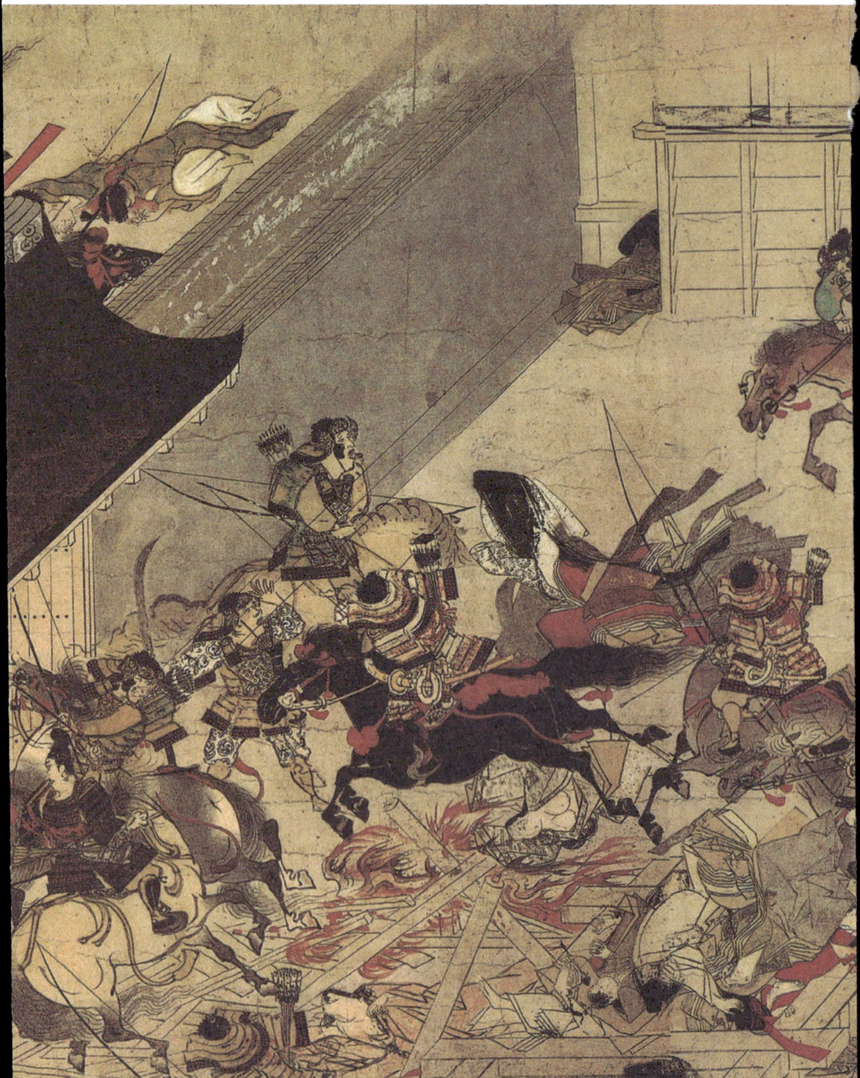

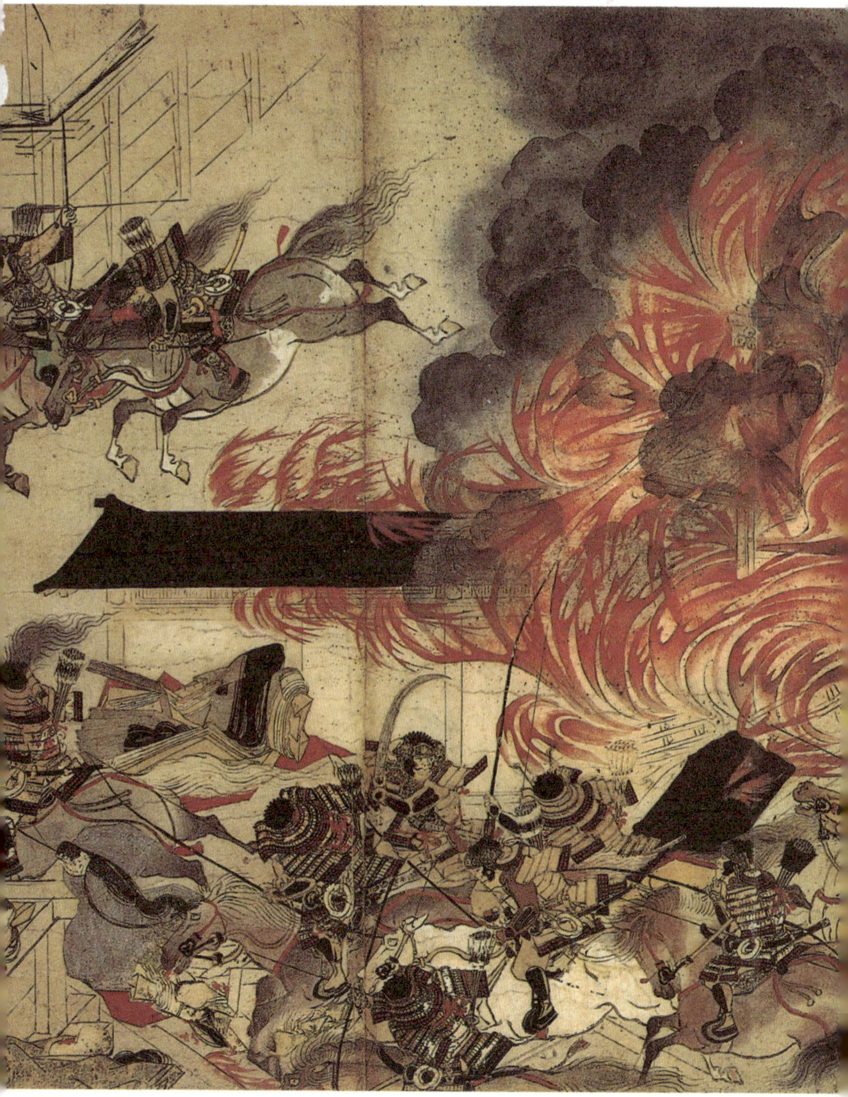

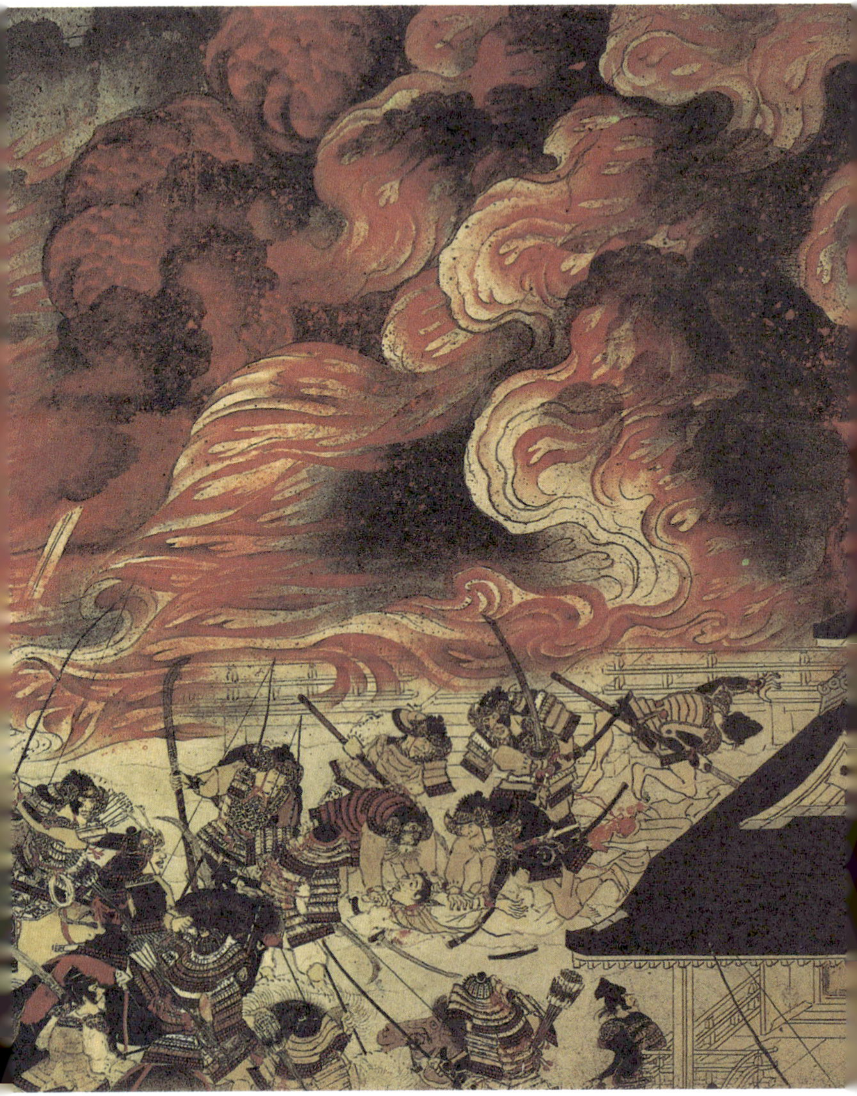

岩波日本史
第三卷

平安时代

[日]保立道久 著

章剑 译

新星出版社　NEW STAR PRESS

目 录

序　言 1

第一章　桓武王统与平安王权的原型（九世纪）......... 9
　1. 桓武的兄弟妻子 11
　2. 嵯峨、淳和之间的皇位交替与危机 25
　3. 九世纪的遣唐使与地方社会 39

第二章　桓武王统的再建与王统分裂（十世纪）........ 55
　1. 宇多、醍醐与菅原道真 57
　2. "承平天庆之乱""安和之变"与王统分裂 70
　3. 遣唐使的废止与地方社会 86

第三章　王统的统一与藤原道长、后三条天皇（十一世纪）
　.. 99
　1. 王统分裂与摄关家 101

2. 宫廷社会的成熟与院政的形成.................118
　　3. 入宋僧与地方社会.................134

第四章　院政与内乱的时代（十二世纪）.................151
　　1. 白河院——"不义"之王权.................153
　　2. 鸟羽院——融合的挫折与武斗.................162
　　3. 后白河院与平清盛——颓废与华丽的极致....172
　　4. 宋钱的流入与地方社会.................183

结　　语——了解平安时代的意义.................197
皇家系谱图.................202
参考文献.................205
年　　表.................207

序 言

序 言

本书所关注的平安时代，跨越了从八世纪末至十二世纪末的大约四百年。即便对于专门研究日本史的学者来说，要条理清晰地理解如此漫长的时代也是相当困难的。而且我们在提及平安时代时，将其区分为前期的所谓"摄关时代"和后期的所谓"院政时代"，已成为一种常见的套语。这种简便的说法确实抓住了时代的特征，在本书中也有使用。但反过来，这种说法同时具有模糊视点的危险，使我们难以把握这个时代的整体特征。

皇室的"新制"与"德政"

有鉴于此，本书将天皇家的历史置于中心位置，对相关论述进行了大胆的整理。其中的关键线索，是平安时代的天皇在即位后（如即位时尚年幼，则在成年后）颁布的被称为"新制"的标志世代更替的法律。或许"新制"一词并不为人所熟知，不过教科书记述了如醍醐天皇、后三条天皇、后白河天皇在即位后颁布的延喜、延久、保元《庄园整理令》。正如《保元新制》"九州之地者，一人之有也。王命外，何施私威"所说，所谓《庄园整理令》是以"王土思想"，即全国土地归天皇所有为前提的。正因为如此，新天皇即位后在"新制"中宣言："非法获得的庄园必须废止，仅认定其中有来历的部分。"

另外，平安时代的法律是所谓"格式法"，即对现有律令条文进行修正、补充。这一点也被写入了教科书。但"格式法"最重要之处在于，它是颁布于世代更替之际的新制法，这一点必须注意。

还有一点需要说明的是，这种新制法贯彻了中国儒家的德政理念。通常提起"德政"，比较有名的是镰仓幕府颁布的《永仁德政令》，其中包含了废除借贷关系的相关法令。由幕府颁布"德政令"反映了幕府权力已扩展到了平安时代天皇专制的国家政治领域。另外关于室町时代所谓的"德政起义"，也应从日本在国家建构中长久秉持德政理念这一角度加以理解。

更加大而言之，将标榜"文明开化"的"王政复古"称为"明治维新"等，也同这种天皇制的思想有关，其中包含了新天皇以"温故知新"的姿态推行"德政"这一逻辑。在日本，这种被称为"复古主义式的革新思想"，可以说将作为政治内容的"德政"与复古革新的形式深度结合在一起。

平安时代的首都与国家

以上是就政治思想而言的。而现实中的平安时代，在以往的历史沿革和奈良时代官僚体制的发展等前提下，以聚集于首都的财富和技术为基础，建立了较前代更为稳定的国家体制。在这种国家体制之下，日本的天皇制第一次正式导入了"德政"的政治思想。

正如这套"岩波日本史"系列的前一卷《飞鸟·奈良时代》中所强调的，在东亚地区，日本走上文明之路的时间较晚，于是通过继承和吸收中国、朝鲜半岛的文化，迅速使国家统治体制趋于完备。因此甚至有观点认为，实际上直到平安时代日本所吸收的文明才真正得以扎根于国家和社会之中。而且由于文明必须作为都市文明而存在，因此大体而言，或许可以说平安时代是日本第一次真正完成都市化的时代。当然，日本独特的原始血缘集团"氏"在平安时代依然留存，并持续发挥着重要作用，但自八世纪后半叶开始，现实的政治、经济活动变成以"家"为单位展开，平安京①也由被授予各种家世门第的各家都市贵族、官僚集团及其属下配置的官衙所构成。而首都则不仅仅在政治上，在社会构成以及经济方面也同样处于绝对的优势地位。王权正建立在对首都的支配基础之上。

现在的历史学界将这种以首都为中心的国家称为"王朝国家"，将其社会、经济体系称为"国衙庄园体制"。平安时代正是这种以首都为中心的统治体制发展的时期。这种都市性的体制具有重大意义，它使得位于东亚一隅的日本各地域迅速开发，从而使经济得以发展。平安时代王权的安定正有赖于此。

但是问题在于，与"德政"的政治理想相违背，在平安时代，围绕着王权由谁掌握，展开了极为激烈的对立和抗争。而且这种对立不仅存在于通常所认为的摄关家与武士阶层之间，也存在于天皇的父祖兄弟等皇族成员之间。从另一方面来说，大概也可以说平安时代的皇室极具能量，

---

①平安京，日本京都的古称。

可以进行如此激烈的斗争。当然，皇室在平安时代以后依然是首都京都的贵族集团中最显赫的家族，在室町时代以后也一直保留着所谓"旧王"的家世门第，但王权内部已失去了充足的能量，在以后的历史进程中只不过是沾了过去的荣光，吃老本罢了。即便如此，平安时代跨越四百年的繁荣仍然赋予了天皇制巨大的能量，使其依然能够影响现代的社会、文化等各层面。

本书的构成 　　基于上述认知，本书采取了以天皇家族的历史为中心来描述平安时代的方法。本书的整体面貌与教科书等所记载的常识有很大差异，从这个意义上来说阅读起来可能会略有困难。但是正因为本书的叙述更加细致具体，或许读者反而更容易理解。这是笔者所期待的。

最后，关于本书的构成简单地加以说明。全书分为四章，内容基本上按照世纪划分，即第一章主要是九世纪，第二章是十世纪，第三章是十一世纪，第四章是十二世纪。各章的前半部分在篇幅允许的范围内尽可能详细追溯政治背景，最后一节对平安时代日本周边的国际关系以及日本国内的社会、经济状况加以概述。如同"因缘话"①，前一个时代的事件会影响到后一个时代，希望读者尽可能按照顺序来阅读。

---

①因缘话是一种叙述前世因缘的传说故事。

第一章　桓武王统与平安王权的原型（九世纪）

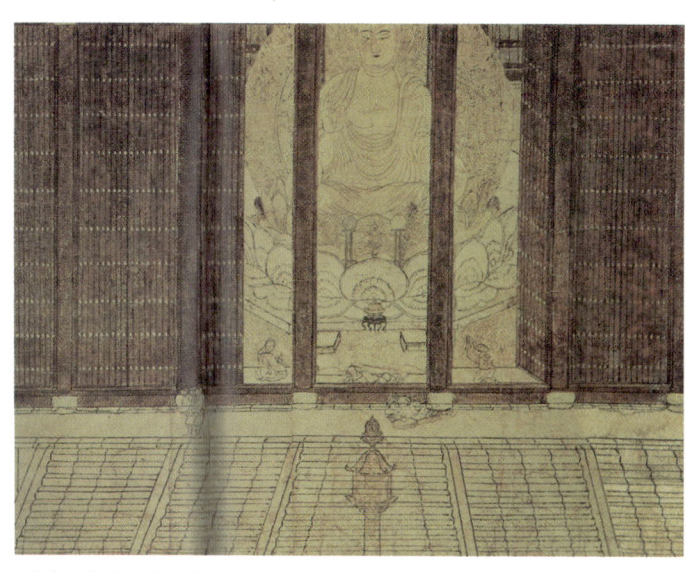

《信贵山缘起绘卷》中金碧辉煌的东大寺大佛（信贵山朝护孙子寺供图）

1. 桓武的兄弟妻子

桓武天皇与早良亲王（崇道天皇）

在桓武天皇的父亲光仁天皇的时期，天皇家的血脉由天武天皇的子孙转换到了天智天皇的子孙。桓武天皇于七八一年即位，皇太子是同母胞弟早良亲王。

桓武即位后第二年，圣武天皇之女不破内亲王及其子冰上川继因谋反之罪被处以流刑，而与这次谋反有关联的大批贵族也失去了地位。由此，在奈良时代的天皇家占据主流的天武天皇一系的子孙几乎根绝，而奈良时代的贵族对天武天皇王统抱有的"天皇即神"[1]的宗教式崇敬，也随之土崩瓦解。

---

[1]参见《万叶集》卷二。本书中的注释除特殊标注外，均为译者注，后不再一一标明。

受"冰上川继事件"株连的贵族中,唯一复权的是以编纂《万叶集》而著称的大伴家持。家持之所以能复权,是因为他与皇太子早良的亲密关系。两人之间的接触可以追溯到奈良时代末政治斗争持续不断的不安定时期,当时早良居住在皇室宗庙东大寺①,被称为"亲王禅师"。由于两人的这段渊源,家持虽然一度下野,但又东山再起担任了早良的东宫大夫(皇太子官署的长官)这一要职。

考虑到这些因素,下面这种说法就相当具有吸引力:《万叶集》或许是大伴家持用来献给早良亲王的。《万叶集》可以说具有哀悼天武天皇王统命运的挽歌性质,对此深有共鸣的早良或许与桓武天皇持不同的政治立场。而正如其《喻族歌》中所述,家持是"拥有大伴这一显赫家世姓氏的大丈夫"②,对自己武官的姓氏出身有一种自豪,他的这一立场最终连累了早良。桓武着手营建长冈京③的第

---

①东大寺是南都(现在的奈良)七大寺之一,745年由圣武天皇所建。754年鉴真在这里建立了日本最早的戒坛院。1180年在平重衡攻打南都的军事行动中烧毁,次年诏命重建。
②参见《万叶集》卷二十。
③长冈京是桓武天皇最初的都城(784—794),位于现在的京都府向日市和长冈京市附近。

二年（七八五年），家持被怀疑企图暗杀主持营造工作的造长冈宫使藤原种继，此事最终牵连到皇太子早良。虽然早良否认了一切嫌疑指证，但还是被剥夺了皇太子之位，在前往流放地的船上壮烈地绝食而死。

迁都与藤原氏"式家"

在弟弟早良亲王愤懑而死的次月，桓武天皇于长冈京郊外举行郊天祭祀的即位仪式，同时册封自己的儿子平城为皇太子。但是，对于一直申诉无罪的弟弟的死，桓武似乎有很强烈的罪恶感。早在七九二年就有流言传说皇太子平城生病是因为早良的怨灵作祟，于是桓武派遣使者前往早良墓前谢罪。而第二年桓武开始准备迁都平安京，大概也包含着离开早良怨灵盘踞的长冈京重新开始的考虑。

但是，越想将这种恐惧隐藏在政权内部，现实中的桓武天皇的政治统治就越是专制而强势。失去对天武王统崇敬之念的贵族们竞相迎合桓武，其中领头的是藤原不比等的第三子藤原宇合的家族，即被称作"式家"的一脉。据说宇合的儿子良继有拥立光仁天皇之功，而良继的弟弟百川则在桓武被册立为太子一事上曾发挥过作用。但是对于式家来说，不幸的是良继和百川相继过世，而且继承两人的权势、成为迁都长冈京中心人物的侄子种继也在风头正盛的时候被暗杀。由此，式家幸存的重要人物只剩下种继的子女仲成、药子兄妹以及百川的儿子绪嗣等年轻人。不过如系谱图1所示，良继的女儿乙牟漏、百川的女儿旅子均嫁入桓武后宫，乙牟漏生下了平城、嵯峨，旅子生下了淳和，一共三位天皇。式家由此成为桓武的近亲，从而确立了权势。

式家的权势在皇太子平城的东宫官署的构成上体现得再清晰不过了。东宫大夫藤原葛野麻吕虽然出身于藤原氏北家（藤原不比等次子房前的家系），但与种继的女儿药子是"私通关系"，继任的东宫大夫是药子的丈夫、出身于式家的绳主，药子自己也作为女官长供职东宫。另外还有确凿证据表明药子的兄长仲成是平城的亲信。

不过，在平城的东宫官署中尤其值得注意的是，东宫官署次官的位置被藤原氏北家的藤原内麻吕的儿子真夏占据。内麻吕作为公卿中最年长者在朝中占据重要地位，也是后来平安时代藤原北家嫡系的摄关家之祖。引人注目的是，内麻吕的妻子百济永继出身于百济王族，曾经是桓武

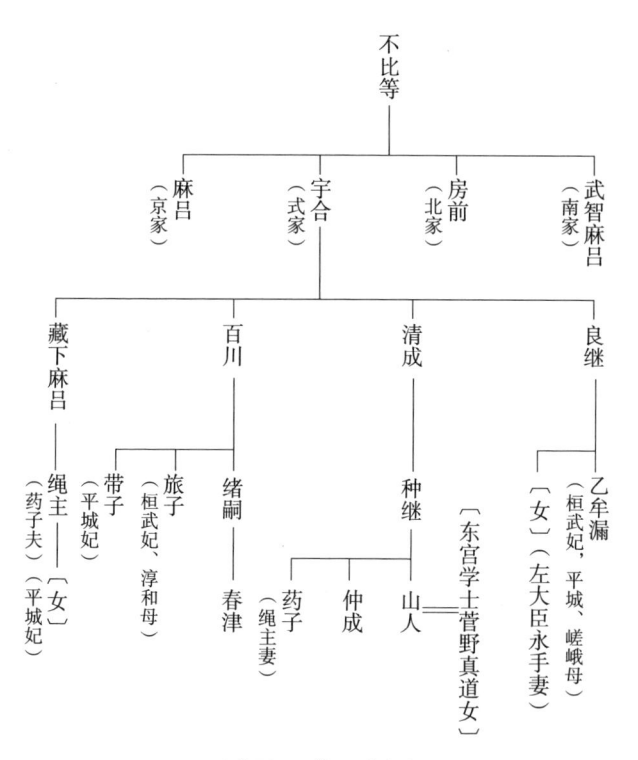

```
                        不比等
         ┌───────────┬────┴────┬─────────┐
        麻吕        宇合      房前      武智麻吕
       (京家)      (式家)    (北家)     (南家)
         ┌──────┬──────┬──────┐
       藏下麻吕  百川   清成   良继
              ┌──┴──┐   │      │
             绪嗣 ┌─┴┐  种继   乙牟漏
              │  旅子 带子  ┌──┼──┐  （桓武妃、
             春津 （桓武妃、（平城妃）山人 仲成 药子 平城、嵯峨母）
                  淳和母）           （绳主妻）
         ┌────┬────┐                        │
       绳主──〔女〕               〔东宫学士菅野真道女〕  〔女〕
      （药子夫）（平城妃）                            （左大臣永手妻）
```

系谱图 1 藤原氏式家

京家的麻吕之子浜成在"冰上川继事件"中连坐，南家的重要人物在平城天皇时期的"伊予亲王事件"中连坐，均失势。

天皇宠爱的采女（即宫女），她在嫁给内麻吕后生育了真夏、冬嗣两兄弟，后来又再次回到桓武身边，并生下了皇子良岑安世。也就是说，桓武一度将采女赐予内麻吕为妻，而内麻吕又将其进献给了桓武。内麻吕和真夏的权势地位，正是依靠着与桓武之间的这层特殊关系支撑的。

桓武诸皇子的异母兄妹婚与"德政"论争

提起桓武天皇时期的政治，通常可以举出七九四年的迁都平安京、征夷大将军坂上田村麻吕战胜虾夷[①]等"营建和军事"方面的大事业，以及倡导"德政"的政治改革。桓武的政治功业确实可以称得上辉煌，尤其是其推行的"德政"是平安时代天皇颁布"德政/新制"法令的原型，具有划时代的意义。桓武即位后所定的年号"延历"取自唐太宗（唐朝第二代皇帝李世民）诏命编纂的古籍《群书治要》中的一节，"民咏德政，则延期过历"[②]。桓武无疑是将唐太宗"贞观之治"的太平盛世作为治世的理想。

---

①虾夷是指古代占据日本列岛东北部，不受当时日本朝廷管制的少数民族。
②参见《群书治要》卷二十六。

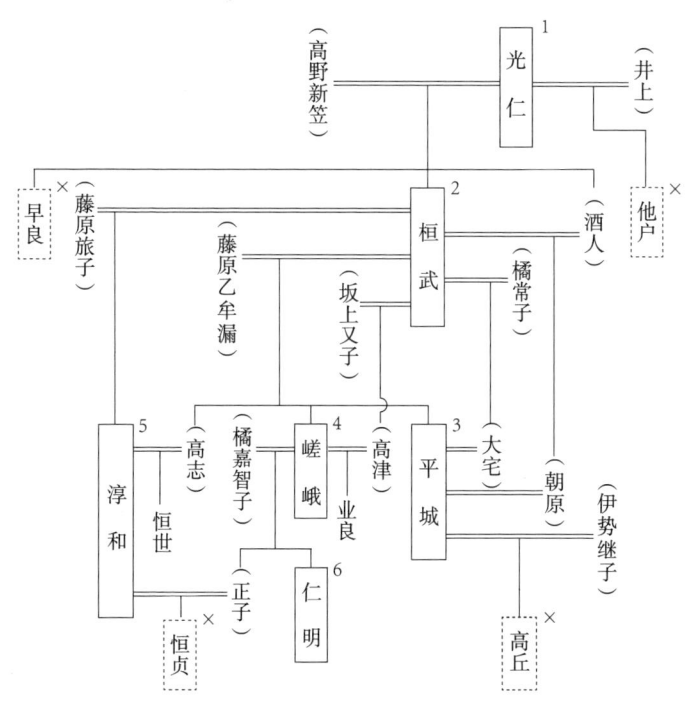

系谱图2　桓武天皇的婚姻关系

☐内为天皇，右上角的数字表示天皇世代；( )内为女性；┈┈内为被废黜的皇太子。

然而尽管抱有如此崇高的理想，随着自己年岁已高，皇位继承问题日益紧迫，桓武天皇不可避免地陷入到各种不安和焦虑中，备受折磨。反映桓武当时心境的第一个证据是，在迁都平安京不久后的八〇〇年，他追赠早良亲王为崇道天皇。被迫授予过世的早良以天皇尊号，此事的意义不可小觑。

而第二个证据是，第二年桓武天皇从众多皇子中选出平城、嵯峨、淳和三人与自己的女儿（即大宅、高津、高志三位内亲王）成婚（如系谱图2所示）。传说桓武曾留下自己死后由三位皇子每隔十年轮流即位的遗言。从这个传说中，大概能够感受到桓武希望由兄妹结婚生育的"纯血皇孙"继承皇位的执念。而在这三对兄妹婚中，直到桓武去世前夕的八〇六年，才终于由幼子淳和夫妇生下了"纯血皇孙"，即恒世皇子。于是恒世也就理所当然地被视为比任何人都更具备合法性的"正嫡"，进而成为桓武最终的皇位继承人。

然而桓武天皇的执念威胁到了皇太子平城的地位。平城已经做了大约二十年的皇太子，长期位居东宫，也培植了自身势力。平城虽然跟一些小氏族出身的女子生下了高丘亲王等子嗣,但在奉桓武之命与妹妹大宅内亲王结婚后,两人却未能诞下子嗣。另外,平城后来又迎娶了藤原氏式家出身的藤原带子(藤原百川之女)为妻,在此之前还娶了同为式家出身的藤原药子之女,二人均未见怀孕迹象。而藤原药子实在看不下去,不仅要求女儿,连自己也时常"出入平城寝宫"。这一丑闻招致了桓武的震怒。

去世之前,桓武天皇对式家出身的藤原百川的儿子绪嗣尤为宠爱。绪嗣的堂姐妹藤原旅子是桓武的妻子、淳和的母亲,也就是"正嫡"恒世的祖母。八〇二年桓武曾述怀说,"如果没有绪嗣的父亲百川的帮助,我就不会登上帝位",于是将年仅二十九岁的绪嗣一举提拔到公卿之位。临死之前,又命藤原内麻吕将绪嗣和东宫学士菅野真道召至御前,令他们论辩"天下德政",并对绪嗣有关"方今天下所苦,军事与造作也"[1]的论述赞赏有加。

二战之前的天皇主义教育,对桓武天皇接受绪嗣的谏言下令停止征讨虾夷和中止营造平安京一事大加赞颂,称其"显示了桓武天皇悲天悯人推行德政的态度"。但是如

---

[1] 参见《日本后纪》卷十三"延历二十四年(805年)十二月七日"条。

果将当时的政治动向作为整体来考虑的话，尤为重要的是，这一"德政"论辩实际上反映了皇太子平城的地位随着桓武"正嫡"恒世的诞生而下降的政局变化，以及在此背景下形成了"平城—药子—仲成—菅野真道"和"淳和—恒世—藤原绪嗣"两大政治集团之间的对立。

"药子之变"与藤原氏"式家"的没落

德政论辩的第二年（八〇六年）春，七十高龄的桓武天皇去世，身后留下了错综复杂的政局：不仅平城、嵯峨、淳和三位皇子拥有皇位继承权，淳和之子恒世更被视为最正统的继承人。

总算坐上了期盼已久的皇位的平城天皇，即位后接连推出大规模的国家制度和地方行政改革，其核心内容便是设置"观察使"[①]。虽然这一举措受到了桓武天皇时期设

[①] 观察使是由中央派驻各地，视察诸国和地方行政长官施政情况的官职，平城天皇大同元年（806年）设置。在中国唐代，玄宗开元二十一年（733年）于全国各道设置采访处置使（简称采访使），察访地方政绩；肃宗乾元元年（758年）改名观察处置使（简称观察使）。

第一章　桓武王统与平安王权的原型(九世纪)

置"勘解由使"①的启发,不过"观察使"一职也出现于唐朝官制中,设置该职务很可能是以平城即位前夕刚回国的遣唐使所带回的唐朝最新消息为依据的。但是平城的制度改革过于粗暴迅猛,使得宫廷内部矛盾激化,一触即发。平成在位仅四年就让位于弟弟嵯峨,同时又将自己的儿子高丘亲王册立为嵯峨的皇太子,甚至策划将都城迁回旧都奈良,希望在退位后继续主导国政。然而平城立高丘为皇太子被认为违背了桓武的遗志,从而招致宫廷上下一致反对。始终支持平城的实际上只有藤原仲成和藤原药子,就连曾经担任其东宫大夫的藤原葛野麻吕以及药子的丈夫藤原绳主也持观望态度。

八一〇年九月六日,朝廷发布了主持迁都奈良工作的造宫使的人事任命。嵯峨天皇在故意作出这种顺从上皇平城意志的政治姿态的同时,于四日后果断逮捕了疏于防备而滞留京城的藤原仲成,并于第二天将其射杀,然后把一切都归咎于平城的女官长藤原药子犯下"淫""爱媚"的

---

①勘解由使,负责在国司(律令制下诸国的行政长官)交替时,审查新任职者交付给前任的公文的官职。

罪责①，断然对平城一方进行军事打击。

平城与药子同乘舆辇仓皇逃出奈良，欲去往东国地区②，却因前路被阻断而未能成行。平城无奈出家，药子服毒自杀。之后，平城虽然保住了上皇的地位，但其子高丘的皇太子之位被废黜，最后遁入东大寺出家为僧，法名真如。如同早良亲王时一样，东大寺再次成为失去权势的皇子的避难所；不过比起早良，真如的处境或许更加步履艰难。

这就是所谓的"药子之变"，其影响极为深远。最引人注目的是嵯峨天皇一方采取了迅速果断的军事行动。指挥这场行动的是征夷大将军坂上田村麻吕。田村麻吕曾经长期跟随在平城身边担负守护工作，深得平城信赖。正是利用这一身份，他成功策反了曾一同活跃于对虾夷作战时的盟友、当时担任平城核心护卫的文室绵麻吕，从而一举击溃平城的军队。一般提起田村麻吕，人们主要的印象是他在对虾夷作战中的出色表现。确实，进入九世纪以后，

---

①参见《日本后纪》卷二十"弘仁元年（805年）九月十二日"条。
②东国，广义上是都城（京都）以东诸藩国的总称；狭义一般指箱根岭、足柄峠（位于神奈川县）以及碓冰峠（位于群马县）以东诸藩国，又称作"关东""坂东"。

具备东国、奥羽[①]从军经验的中级贵族中,涌现出一批精通弓马骑射、被誉为"世代将种""武艺之家"的武官世家,田村麻吕正是其中最著名的代表。但是,田村麻吕真正的历史作用,则是将其在对虾夷作战中锻炼出来的军事才能发挥于皇室的内部斗争中。

检非违使的设置与"武士"的登场

今天一提起"武士",人们往往首先想到的都是源平的武士。不过这类"武士"实际上早在平安时代初期就已经登上了历史舞台。而将武士组织纳入国家的体制框架之内,始于"药子之变"后不久设置的"令外官"[②]检非违使。检非违使原本是从近卫以下的卫府[③]官员中选拔的天皇亲卫队,后来逐渐吸收了律令中规定的刑部、弹正台[④]等机构的功能,进而承担了本来由京职(京都的衙门)

[①]奥羽,律令制下东山道陆奥国和出羽国的合称,即现在的东北地区,包括青森、秋田、岩手、宫城、山形、福岛六县。
[②]令外官指在律令制下的官制规定以外设立的官职。多为根据需要临时设立,也有部分常设官职。
[③]卫府是负责宫城护卫以及行幸时的警备等工作的官署总称,包括左右近卫府、左右卫门府、左右兵卫府,合称为六卫府。
[④]弹正台是检举都城内违法行为、整顿官员纲纪的官署。

所掌管的都市警察的职能，发展成为护卫宫城和首都的治安、检举"非违"[1]的强力组织。

需要注意的是，将武士称为"もののふ"是有理由的。"もののふ"的"もの"（物）是指附体在人身上的"物の怪"（邪魔恶怪、鬼怪、死者怨灵、癫狂怪物）等，而所谓"物部"（もののふ／もののべ）则是指保护王公贵戚不受这些"恶"的侵袭，担负护卫、处刑等工作的人（古代有名的氏族"物部氏"就是由其职务而得名）。直到平安时代初期，在京都的监狱、集市等地都设置有相当数量的"物部"，担任行刑官、刽子手的角色。而检非违使掌握了首都警察权，意味着"武士"将这些"物部"置于麾下，行使都市的警察、刑狱职能。正如田村麻吕凭借着平定"药子之变"的功绩而登上大纳言[2]的高位，武士一方面将势力深入到了王权的中枢，同时又以另一种身份登上历史舞台——武士拥有掌管死者怨灵等与死相关的各种凶秽之事以及死因的职能。

---

[1]非违意指非法、违法行为。
[2]大纳言是律令制下太政官（内阁）的次官，地位仅次于左右大臣，作为参议之一参与国政的审议，向天皇上奏政务和宣达诏命。

2. 嵯峨、淳和之间的皇位交替与危机

嵯峨、淳和之间的皇位交替与藤原北家

如此一来，在拥有皇位继承权的桓武天皇三位皇子中，平城首先退出了历史舞台，而剩下的两人中，年长的嵯峨继承了皇位，年幼的淳和则坐上了皇太子之位。嵯峨在"药子之变"后的第二年，开始大规模编纂被称为《弘仁格式》的律令修正法及其实施细则，提高自身的权威。这或许也反映了嵯峨对于奈良时代以来持续不断的各种血腥事件的反省。由此天皇制迎来了约三十年的安定期。嵯峨与淳和和平友好地分享了皇位。如系谱图3所示，嵯峨在位十余年后让位于淳和，自己做了上皇，而淳和即位后册立嵯峨之子仁明为皇太子。又经过十年，淳和也退位成为上皇，仁明即位，其皇太子则是淳和之子恒

贞。由于桓武的"纯血皇孙"恒世早逝，皇太子恒贞可以说是继承了恒世的"正统"地位。在日本天皇制的历史上，第一次出现了皇位在兄弟的子孙之间"迭立"（交替继承皇位）的状况。

另一方面，在贵族社会内部因藤原氏式家的没落而渔翁得利的，是系谱图4中的藤原氏北家的藤原内麻吕。内麻吕在"药子之变"前夕出任右大臣，位居公卿之首，实际上参与了所有事件的幕后操控。他一方面让长子真夏侍奉平城，另一方面又早早地让次子冬嗣服侍尚是皇太子的嵯峨，可以说是在太上天皇平城和天皇嵯峨两方下注，无论最后谁胜谁负都没有关系，可谓思虑周全。于是，长子真夏在"药子之变"后继续侍奉退隐的平城，而次子冬嗣则担任了在事变的紧要关头临时设

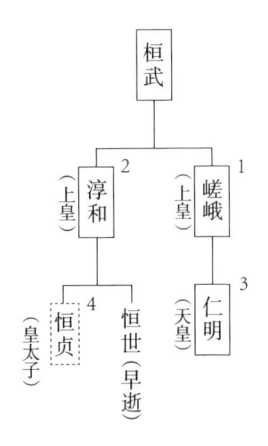

系谱图3
嵯峨、淳和两系"迭立"

数字表示嵯峨以后的天皇世代

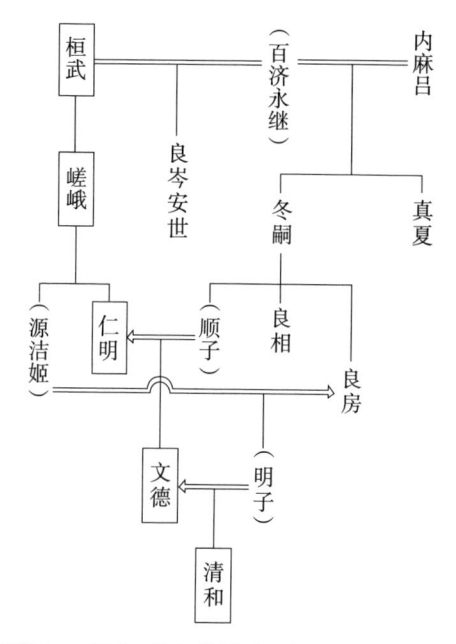

系谱图 4　桓武王统与藤原氏北家间的女性嫁娶（1）

置的"令外官"藏人所①的首任长官，并在之后顺利升迁。对于确立藤原氏北家地位具有决定性意义的是，八二三年嵯峨让位于淳和，嵯峨之子仁明被册立为皇太子，与此同

---

①藏人所是弘仁元年（810年）由嵯峨天皇在律令制的官制之外设立的官署，掌管天皇机密文书和传旨、进奏、仪式等官中大小事务。

时，冬嗣与天皇家结成了紧密的姻亲关系，冬嗣将女儿顺子嫁入仁明宫中，又为儿子良房迎娶嵯峨之女源洁姬。也就是说，嵯峨和冬嗣让各自的子女相互结亲。从此藤原氏北家的血统与皇室血脉完全交融，从而获得了凌驾于此前桓武天皇和藤原氏式家关系之上的显赫地位。

此外，由冬嗣担任首任"头"[1]的藏人所，与前述的检非违使并列成为"药子之变"在国家制度方面留下的最大遗产。"藏人"别名"男房"，顾名思义，即与"女房"一样，是由天皇身边的亲信组成，负责宫中宿卫、照顾天皇日常起居的贵族集团，也就是所谓的"王的侍从"。同时他们还参与指挥、联络官僚组织等政治机密事务，体现了天皇个人的"家"政机关在国家机构中的位置。这无疑是围绕皇位所展开的激烈政治斗争的结果。当然，这类亲信集团在奈良时代也曾有过，只不过奈良时代所谓国家实际上是一个巨大的"家"——包括官僚组织在内的国家整体都是被赋予神权力量的"王家"。但是，在官僚组织飞跃发展的过程中，将"王家"与国家的官僚组织相区别，

---

[1] 即"藏人头"，藏人所的长官。

分离出来并加以制度化,是势在必行的。

于是以"王的侍从"为原型,贵族中开始逐渐形成侍从组织。如此一来,就如同"藏人头"的两个职位分别配属文官、武官一样,"侍"也是由文官、武官两部分构成的。一般认为"侍"等同于"武士",以"武士"为职能的武官确实"侍"的色彩更加浓厚。但是正如上文所说,具有人格性地侍奉在君主身边的近臣"侍",与担负护卫、刑罚职能的"武士",本身就是两个不同意思的词语,对这点必须加以注意。

"承和之变"与《竹取物语》

如前文所述,嵯峨、淳和两兄弟间维系的和平局面一直持续了约三十年。在此期间,所谓"弘仁文化"等新兴的唐风文化得以发展,并被视为日本最初的真正的都市宫廷文化。可是,随着淳和于八四〇年(承和七年)、嵯峨于八四二年相继去世,"兄弟天皇间的和平"局面也瞬间瓦解。

嵯峨死后不久,仁明天皇下令逮捕了皇太子恒贞(淳和之子)的亲信橘逸势和伴健岑,理由是他们想要拥立皇太子出奔东国地区，意图谋反。恒贞也因此被剥夺了皇太子的地位，而淳和派的贵族也全部失势。在这次事变的检举中表现最为活跃的，是藤原冬嗣之子、迎娶了嵯峨之女源洁姬的藤原良房（参见系谱图4）。而皇太子之位则由仁明与良房妹妹所生的文德继任。就这样，仁明依靠着与几乎可以算作皇族一员的良房之间的关系，稳住了局势。

这就是所谓的"承和之变"，一般将其解释为藤原氏北家对橘、伴等氏族采取的"排斥异己"的阴谋。可是就该事件的本质而言，实质上是取消了王权内部业已存在的嵯峨、淳和两系之间相互交替的王统承继方式，而以仁明、文德父子间的直系传承取而代之，这一点是十分明确的。藤原良房一跃成为天皇的妻兄、皇太子的舅父，藤原氏北家从而确立了凌驾于桓武天皇时期的藤原氏式家之上的权威，这些都是王统传承的直系化所带来的结果。另一方面，废太子恒贞入东大寺出家，成为"药子之变"的牺牲者、原皇太子高丘（真如亲王）的弟子。当时的人们一定从两位皇太子的命运中，看到了桓武王统的曲折吧。

与之相对，安然渡过"承和之变"的仁明天皇时年三十三岁，正值壮年。成功消除两统分裂的状态使他获得了极大的权威，由此更加绚烂的唐风宫廷文化得以发展。而尤其引人注目的是《竹取物语》的应运而生。

在嵯峨、仁明两天皇的时代，旧历十一月举行的新尝祭（由天皇主持的庆祝、祈求丰收的祭祀）中盛行五节舞（少女们装扮成"天女"献舞的舞蹈会）表演，这是《竹取物语》的故事背景。在这个时代，五节舞的舞姬们在舞蹈结束后常常会登上天皇的寝殿，因此五节舞是贵族少女们第一次出现在社交场合，这是在众人面前展示容姿的宫廷舞会，也是遴选王妃的舞会，在宫廷社会中占有重要地位。

> 但求天上风，吹断云中路，
> 似此神仙姿，人间能暂驻。
> （《古今和歌集》卷十七）[1]

这首著名的和歌是仁明天皇时期的藏人头良岑宗贞

---

[1] 译文据杨烈译本（纪贯之等撰，杨烈译《古今和歌集》，复旦大学出版社，1983年，第173页）。

（即后来出家担任僧正的遍昭）吟咏五节舞姬的作品，歌中明确指出了她们装扮成天女。五节舞起源于天武天皇于吉野山中遇见天女的神话传说，而在日本天皇制的历史中原本就存在着"因为能与天女结婚，故而被称为天皇"的观念。因此，《竹取物语》归根结底也是天皇与天女的恋爱故事，与这种观念是同一架构。

《竹取物语》的故事以在富士山顶烧掉"不死之药"结尾，这不禁令人联想到八四九年仁明天皇四十岁寿宴上绘有天女手捧装有"不死之药"壶图案的雕像。据说仁明还曾将自己炼制的仙药赐予藤原良房的弟弟良相，良相毫不犹豫地将仙药一饮而尽，使得仁明加深了对他的信任。也就是说，天皇深受当时流行的中国道教神仙思想（以及长生不死的仙药这一核心观念）的影响。另外正如这段逸事所示的，良相成了仁明的心腹，于是他跟同为仁明近臣的振兴中国式宫廷文化的中心人物伴善男有了密切往来，这在后来引发了重大的问题。[1]

仁明的寿宴上，进献了这样一首阐述国家思想的长

---

[1] 见本书第36页。——编者注

歌：邻国的国王充其量不过"百嗣"（传承百世），与之相对，"大和国"则是"世代承袭，每位天皇都是现身于人世间的神"，"天皇的治世千秋万代，绵延永续"①。这是通过与东亚诸国比较，进而阐述所谓万世一系的天皇制思想体系的非常早期的史料。从中可以看到高扬的国家意识——奈良时代以来虽然存在着激烈的内部争斗，但最终天皇家的血脉得以延续，王统得以统一。《古今和歌集》（卷七"贺歌"）中那首作为日本国歌《君之代》原型的和歌（作者不详）①，大概也是在这种氛围中创作的。

"应天门之变"与清和王朝

当然，《竹取物语》只是一个虚构的故事，并非天皇制的真实历史。实际上颇为讽刺的是，与寿命稍长的嵯峨、淳和不同，由于仁明喜好服用剧药，他在四十岁寿诞的第二年（八五〇年）就去世了，年仅四十一岁。而继任皇位的仁明之子文德天皇，也在即位八年后的三十二

---

① 参见《续日本后纪》卷十九"嘉祥二年（849年）三月二十六日"条。
② 和歌内容为："祝君千万寿，福禄日崔嵬，细石成岩石，山岩长绿苔。"译文据杨烈译本（纪贯之等撰，杨烈译《古今和歌集》，复旦大学出版社，1983年，第74页）。

岁就过世了。

接替文德的是清和天皇,他被册立为皇太子时年仅一岁,八五八年即位时也仅九岁,是史上第一次出现的"幼帝"。不过,清和天皇在即位后的第二年确定了新年号"贞观",这是有意追随唐太宗"贞观之治"这一桓武天皇的政治理想的产物。由此,清和作为承继桓武正统的天皇,拥有了至高的权威。而代替年幼的清和行使权威的是藤原良房、良相两兄弟。良房(文德的岳父,清和的外祖父)在文德去世前,以臣下身份首次登上了太政大臣高位,而良相以仁明近臣的身份发迹后曾担任过清和的东宫大夫。

然而,在这两位代行王权的藤原氏北家出身的兄弟之间掀起了政治波澜。作为兄长的良房,仅有的一个女儿成了文德的皇妃,于是就没有了能够嫁入清和宫中的人选。而良房之所以能够获得高位,依靠的是迎娶了嵯峨天皇之女(源洁姬),故而良房并没有其他妻妾,也没有儿子。于是如系谱图 5 所示,良房将哥哥的两名子女基经和高子收为养子,以备将来与皇室维持姻亲关系。有了这一伏笔,八五九年十一月在即位第二年举行的大尝祭上,高子作为舞姬在御前表演了五节舞。这时清和只有十岁,而高子要

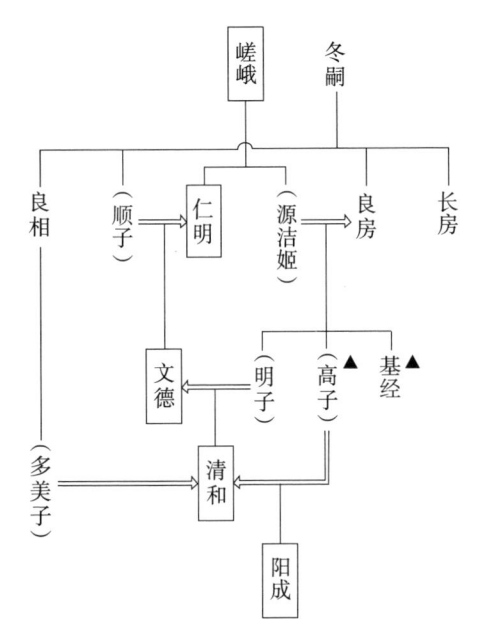

系谱图 5　桓武王统与藤原氏北家间的女性嫁娶（2）

▲表示养子（原本是兄长长良之子）

年长得多，已经十八岁了。或许也是因为这一年龄差距，高子在五节舞会上与有名的风流公子在原业平邂逅，于是两人坠入爱河的流言四起，一时传得满城风雨。而在原业平也是出身高贵的王孙公子，是平城天皇的皇孙。

　　大概也受到这一花边新闻的影响，五年后的八六四年清和天皇元服①之际，进宫侍寝的是良房的弟弟良相的女儿多美子。如果多美子生下皇子，良相恐怕就会取代良房的地位。而就在此时，发生了八六六年的应天门烧毁事件②。虽然事件的真相不明，但清和为了平息事态任命良房为摄政③，这是史上首次由人臣出任该职；而且将纵火的嫌疑指向了受先帝仁明提拔而得以破格晋升的大纳言伴善男。虽然伴善男断然否认，但还是被处以流刑。而同为仁明近臣的良相也被质疑与伴善男关系密切，最终两人一同失去了权势。这一事件也成为平安时代摄关家确立权威后时常发生的兄弟相争的原型。

经过这些波折后，在"应天门之变"的当年（八六六年）年底，高子进宫来到清和身边，此时她已经二十五岁，距离上次表演五节舞已经过去了七年时间。而她与在原业平之间的流言蜚语恐怕也传到了清和耳中，但是清和还是

---

①元服是古时男子开始戴冠的仪式，标志男子成年。原为中国的古礼，《仪礼·士冠礼》："令月吉日，始加元服。"后传入日本。
②贞观八年闰三月十日夜，太极殿前的应天门突然起火，连同两侧的栖凤楼和祥鸾楼一并被火海吞没。朝中各派势力便以此为由头互相攻讦，最终导致一场"大清洗"。
③摄政是天皇年幼或女皇执政时代代理天皇处理国政的重要职务，在藤原良房以前仅由皇族出任。

接受了高子。不久后高子生下阳成皇子，阳成于八六九年被册立为皇太子，那时他才仅仅三个月大。如果事情就这么继续发展的话，虽然其中会有少许波折，但清和、阳成父子应该能够顺利地提高威望。尤其是在统治初期，清和下令编纂《贞观格》，从中可以看出其意欲建立真正的王朝。《贞观格》的具体实施者是良房的养子藤原基经。基经接替过世的良房，继任摄政之职，由此确立了藤原氏北家的"摄政家"门第。

八七六年，二十七岁的清和让位于九岁的皇太子阳成，自己则成为上皇，希望依靠"父皇"的地位来完成"院政"统治。而院政的施行理应得到摄政基经和太后高子的支持，其所追求的目标大概应该是将九世纪"嵯峨→仁明→文德→清和→阳成"这一延续的桓武直系王统的权威推向顶点。但是在权威达到顶点后，受到清和的健康状况恶化这一因素的影响，王权内部发生了一连串肆意妄为之举。而这其实是有所预兆的：一是清和的淫乱行为，在其三十一岁去世之前的短时期内仅仅可以确认的妃嫔就多达三十余人；二是八七九年清和出家修行后，高子挑选了在原业平担任阳成的藏人头。

在原业平与清和于八八〇年相继去世，局势剧变。清和在遗言中命令基经再次担任太政大臣，同时继续保留摄政之职。但是基经却上表推辞不受，在家闭门不出以示不满。基经不满的理由有两点：一是基经原本期望女儿温子入宫成为即将元服的阳成天皇的皇妃，但遭到了高子的拒绝；二是高子欲册立贞数亲王为阳成的皇太子，贞数为在原业平的侄女所生，是清和的皇子（传说其实际是在原业平之子）。

在这一时期的宫廷中，高子与在原业平之间奔放的恋爱关系影响巨大。在跟高子的不伦之恋结束后，业平又与清和的妹妹恬子私通。恬子当时任职于伊势斋宫，是伊势神宫[①]的女祭司长。两人所生的儿子后来成为高阶氏的祖先。这个著名的故事成为《伊势物语》书名的由来，正如后文中将有所提及的，对于平安王朝而言它绝不仅仅是一件单纯的风流逸事那么简单。[②]

[①]伊势神宫是位于三重县伊势市的王室宗庙，内宫祭祀天照大神，外宫祭祀丰受大神。与石清水八幡宫、贺茂神社并称为"三社"。
[②]见本书第106—107页。——编者注

3. 九世纪的遣唐使与地方社会

延历年间的遣唐使派遣与最澄、空海

九世纪政治史的焦点之一是这一时期的王权与对外关系的问题。天智天皇时期的白村江之战①失败后，百济王族流亡日本，而桓武天皇的母亲高野新笠正是出身于百济王族，这一点尤为重要。桓武之所以选择长冈作为新都，其理由也在于长冈周边是百济王族的聚居地。桓武基于自己的身世，认为自己不仅仅是日本的王，也与百济王有着血脉联系。"大刀契"是象征天皇的宝物之一，被视作流亡的百济王族所进献的宝剑，桓武在即位后尤其强调

---

①白村江之战是天智天皇二年（唐高宗龙朔三年，公元663年）日本、百济联军与唐朝、新罗联军在朝鲜半岛的白村江（即流经现在韩国中西部的锦江）河口发生的海战。日本水军在此战中全军覆没，百济由此完全灭亡。

了这把宝剑的意义。

为了实现桓武天皇的国际野心,首先必须完成对虾夷的征战,然后必须让处于东亚秩序中心地位的唐朝承认日本与新罗之间的宗主国与附属国关系。基于这一目标,八〇一年二月,桓武派遣征夷大将军坂上田村麻吕平定虾夷,同年八月,任命皇太子平城的亲信、前东宫大夫、大宰大贰①藤原葛野麻吕为遣唐使。这表明了桓武为交接皇位,让皇太子平城站到前台推进东亚政策的态度。而作为"父皇"的桓武在遣唐使尚在途中时,就已屡屡召见平城等人交代后事,其态度再明显不过了。

抵达唐朝的遣唐使不仅碰巧遇到八〇五年正月德宗皇帝驾崩以及随之而来的新皇登基,而且也目睹了唐帝国面临吐蕃入侵和节度使叛乱而走向衰落的局面。而在遣唐使于同年归国后,日本也出现了由桓武到平城的王权更迭的复杂局势,最终如前文所述,导致了平城、藤原葛野麻吕的垮台以及"药子之变"。

虽说如此,通过这次遣唐使的派遣,桓武王统还是与

---

① 大宰大贰是管理九州地区,并负责国防、外交事务的大宰府的次官。

唐朝正式缔结了邦交，影响深远。例如根据遣唐使之一的菅原清公的建议，朝廷的仪式进一步唐风化，使得这一时期产生了比奈良时代更具唐风特色的所谓"弘仁文化"。另外，遣唐使中还出现了被后世誉为"三笔"[①]之一的文化人橘逸势（嵯峨之妻的氏族），同样具有重大意义。

而最澄和空海也随同此次遣唐使出访，其意义自不待言。二人得到中国佛教界高度评价，回到日本后分别开创了天台宗和真言宗，并得到嵯峨、淳和天皇的皈依，从而构建了平安时代国家佛教的框架。尤其是最澄建立的比叡山延历寺[②]，继承了以东大寺为中心的奈良时代国家佛教的教义学术传统，后来涌现出了众多渡唐僧侣，由此佛教在中日关系上承担起了邦交礼仪和器物输入的角色。

九世纪的政治斗争与新罗

嵯峨天皇时就很重视父皇桓武派遣延历遣唐使的先例。为了庆祝皇位交接，仁明天皇即位的第二年（八三四年）

---

①三笔指平安初期以书法著称的空海、嵯峨天皇、橘逸势三人。
②延历寺是位于滋贺县大津市比叡山的日本天台宗总本山，源于788年日本天台宗开祖传教大师最澄创建的一乘止观院。1571年被织田信长焚毁，后得丰臣秀吉、德川家康援助重建。

就任命了遣唐使。担任遣唐大使的是延历遣唐使藤原葛野麻吕的儿子常嗣，被选为随行人员的有最澄的弟子圆仁、空海的弟子真济（没去成）等人。在这次行程中，据说圆仁来到流传着文殊菩萨显现传说的东亚佛教圣地山西省五台山，感应到了文殊菩萨。这一著名事迹，使得圆仁所属的延历寺被赋予了与东大寺比肩的国家性宗教的色彩。这一时期的日本人认为五台山是相当于日本吉野山总本山的"黄金山"，正是由于"五台山＝吉野山"的宗教力量使得陆奥①黄金得以发现。而众所周知，毗卢遮那佛信仰是由中国传入的，但就宗教逻辑而言，令东大寺大佛（毗卢遮那佛）镀金成为可能的陆奥黄金的发现也是源自跨越国界的佛法之力。此后，黄金成为日本主要的出口商品，直到马可·波罗在《东方见闻录》中所描述的"日本黄金传说"，都可以看到其影响。

圆仁的游记《入唐求法巡礼行记》中最令人印象深刻的是：这一时期在日趋活跃的北方少数民族活动的影响下，唐帝国逐渐走向崩溃，得到唐帝国支持的新罗也随之

---
①陆奥是律令制下设立的国名，属于东山道，包括现在的福岛、宫城、岩手、青森各县和秋田县一部分。

衰落，从而开启了一个大的历史变动时期，而此时新罗的商人也开始在极广的范围内从事商业活动。

这种国际形势对日本国内局势也产生了巨大影响。尤其具有震撼性的事件是，在"承和之变"的第二年（八四三年），前任筑前守[①]文室宫田麻吕因与新罗人张弓福往来密切而被控谋反。张弓福是来往于唐朝、新罗和日本之间的海商，后凭借实力成为军人，当时正好欲将女儿嫁入新罗王室而发起叛乱。八四〇年，张弓福曾向日本献上贡品以求交好，时任筑前守的宫田麻吕与其有过交往。实际上宫田麻吕也曾牵扯进了八四二年的"承和之变"中，只不过当时因为人不在京都而未受株连。宫田麻吕就这样被治谋反罪，后来他与"承和之变"的首犯橘逸势一起成为令人恐惧的专门针对皇室作祟的怨灵。

具有遣唐使经历的橘逸势和被怀疑策划国际阴谋的宫田麻吕成了与早良亲王、藤原仲成等人并列的九世纪怨灵代表，大概也让王权感受到了国际关系的"恐怖"。毕竟，这一新罗王室的反叛者与日本皇室的谋反者相互勾

[①]筑前守是筑前国的行政长官。筑前国是律令制下设立的国名，属于西海道，位于现在的福冈县西北部。原为筑紫国的一部分。

结的事件是空前绝后的。由此，日本完全断绝了与新罗的邦交。

但是，与新罗的关系危机依然持续。八六九年丰前国[①]运送赋税的船只遭新罗"海贼"袭击，再次震撼了日本。虽然实际上很可能不过是贸易纠纷，但政府还是怀疑长期寄居于大宰府[②]的"归化"新罗商人，随后将其中二十人流放到东国地区。这样一来，与新罗之间的民间贸易也受到抑制。此时，政府基于"我日本朝乃所谓神明之国也"的神国思想，向以伊势神宫为首的各神社祈祷，甚至搬出神功皇后的神话[③]，不容分说地断定新罗为仇敌。

事件后第二年，即八七〇年，这次是大宰少贰藤原元利麻吕被控与新罗共谋叛乱。元利麻吕是"应天门之变"首犯伴善男的同僚，也是藤原良相的家臣，因此这一事件可以视为是在清除"应天门之变"的余党。而作为谋

---

①丰前国是律令制下设立的国名，属于西海道，包括现在的福冈县东部和大分县北部。
②大宰府是律令制下设置于筑前国筑紫郡（现在的福冈县太宰府市）的官署，管辖九州地区，并负责国防、外交事务。
③据《古事记》《日本书纪》记载，神功皇后是仲哀天皇的皇后，天皇死后，怀着身孕远征朝鲜半岛，归国后生下应神天皇。

第一章 桓武王统与平安王权的原型（九世纪）

反证据提交的是新罗国王的"国牒"，由此可知这一事件的背景极深。藤原元利麻吕出身于藤原氏式家，是药子的侄子，其身份的意义不可小觑，式家就此完全没落。

经过这些事件，朝廷在国际文化交流领域原本暂时缓和的排外态度又再次强化。当然，这只不过是国家对外的态度问题，而由新罗商人开辟的新的海上贸易之路愈加呈现出超越既有国家框架的面貌，如同后来所看到的，给平安时代的对外关系带来了极大影响。

思考这一系列事件，不禁让我们想起"药子之变"后被赶下皇太子宝座成为东大寺僧侣的高丘亲王（真如亲王），他于八六二年赴唐朝，继而踏上前往天竺的朝圣之旅，最终客死印度支那半岛。以他丰富的国际经验，会如何看待日本这种对外的国家态度呢？如前文所述，曾被视为桓武王统的正统继承人，却在"承和之变"后背负废太子的命运，不久在东大寺出家而成为高丘的弟子——对于有着如此曲折人生的恒贞亲王而言，他又会如何看待九世纪的国家发展历程呢？

庄园与贵族的地方"留住"

九世纪，取代传统的氏族、氏姓制度，一个个皇室贵族之"家"将其地方的领地集中到一起，形成了庄园。首先是皇室自身从桓武天皇以来就在各地大规模地进行"敕旨田"[①]的开发，尤其是嵯峨、淳和两位上皇竞相设立敕旨田。这些敕旨田中的相当一部分变成了庄园，为包括众多亲王、内亲王在内的皇室成员所领有。贵族们也不甘落后，比如利用国司等职权，在地方获取自家庄园。问题在于部分皇室贵族以及官僚为谋取财富和地位而"留住"在地方，正如《太政官符》中所记："或就婚姻，或遂农商，居住外国，业同土民。"[②]后来出了平将门的桓武平氏等也采取这种形式，以东国地区的庄园和国司职权为后盾，在东国留住，从而扎根发展起来。

庄园的数量和面积当然绝对算不上多，不过在这个时期业已广泛分布于全国了，在其影响之下，地域开发、当

[①]敕旨田是平安时代根据天皇敕旨开垦的公田，其收入用作王室经费。
[②]《太政官符》指律令制下的太政官（总管国政的机关）给八省诸司（中央政府机关）或诸国（各地方政府）下达的公文，简称"官符"。此段内容参见《类聚三代格》卷十九"太政官符·应禁制京户子弟居住外国事"，宽平三年（891年）九月十一日。

第一章　桓武王统与平安王权的原型（九世纪）

地特产生产以及社会分工和商业发展等方面都取得了进展。由此带来了九世纪的经济繁荣。占据日本列岛中央水陆交通要地的平安京聚积了包含这些庄园租税在内的巨大财富。在税收等物资的运输方面，比起国衙[1]的租庸调等国家赋税，皇室领有的庄园的租税要更为优先确保。而且即便是国衙的运输使者，实际上很多时候也是在为国司运送私物。在回顾九世纪的法律等问题时，往往只是片面强调了由于租庸调未能收缴致使国家财政陷入危机，而其未能收缴的相当一部分理由在于，皇室贵族对自家庄园租税的重视程度超过了国家的租庸调。

尤为重要的是，正如前文《太政官符》中所记的"遂农商"，这些物资常常带有商品性质。于是商贸活动日趋发达，甚至涵盖了与虾夷和新罗的对外贸易。例如在九世纪中叶，本应作为贡品上贡朝廷的陆奥特产被"商旅之徒"抢先购得，而这些"商旅之徒"频繁地往来于陆奥白川关。在西国地区[2]，这类"官人、百姓、商旅

---

[1] 国衙是律令制下诸国的国司处理公务的官署。
[2] 西国指都城（京都）以西诸国，特别是指九州地区。

之徒"①的活动自八世纪起已十分活跃，众所周知，九世纪以后贵族和各种商人的船只出入于大宰府收买大米等物资。就这样，京都的财富越来越膨胀，由此支撑起了更加绚丽的九世纪都市宫廷文化。

"富豪浪人"与"富豪之辈"的经营

对于九世纪的国衙来说，留住的贵族是一群非常难以管理之人。这些留住的贵族从律令制的角度而言只不过是些离开了本籍所在地的"浪人"，但是又常常与国司具有同等官僚身份。国衙将这些留住者称为"富豪浪人"，将他们视为给地方行政带来困难的罪魁祸首。

另一方面，此时在地方民众中也出现了一些所谓的"富豪之辈"。他们通过经营私人田产和发放稻种高利贷（即所谓"营田"和"私出举"）而积蓄了实力，经常为周边民众代缴赋税，从而将其置于自己的支配下。这些地方富豪阶层或是与当地的"富豪浪人"联合，或是亲自上京获得贵族的"家人"（即所谓"侍"）、下级官吏等身

---

①参见《类聚三代格》卷十六"太政官符·应听自草野国埼坂门等津往还公私之船事"，延历十五年（796年）十一月二十一日。

份，以此与贵族之"家"建立直接联系，从而获得"庄长""庄预"等贵族庄园管理者的地位，庄园逐渐将想逃避官府强制征收租庸调等赋税的民众组织起来。这一状况早在七九七年的法令中已有所反映："浮宕之徒，集于诸庄。假势其主，全免调庸。"[1]

就这样，这一时期在"皇室贵族之家—富豪浪人—地方富豪"这种与中央直接联系的体制之下，大批民众成为庄园的从属者，导致九世纪后半期律令制下的郡司、乡长等行政组织以及户籍、班田收授等制度几乎丧失了机能。

但是，国衙并没有放弃律令制下包括各种杂事、赋役等租庸调的收取工作。鉴于状况有所变化，国衙没有照搬律令，而是依据行政性的习惯法尽力恢复国衙的支配权。其基本做法是，将户籍不明的"浪人"、中央贵族的"家人"以及拥有从官履历的富豪置于国衙的控制之下，向其转包行政工作。也就是说，国衙也跟庄园一样，依靠富豪阶层的实力管理地方。如此一来，在行政的最基层逐渐形成了一套组织系统，即将富豪的私宅称作"里仓"，变为

---

[1] 参见《类聚三代格》卷八"太政官符·应征寄住亲王及王臣庄浪人调庸事"，延历十六年（797年）八月三日。

国衙收缴赋税的民间仓库。

这种导入了富豪承包体制的国衙组织系统是如何发展而来的，我们将在下一章探讨。这里需要加以注意的是，在九世纪的庄园内部已经形成了平安时代地域社会秩序的原型——以农民为中心的"田堵"。九世纪的田堵一般以"田刀"的名称出现在史料中，所谓"田刀"就是"田刀祢"的略语。这里的"刀祢"是指管理山林和田地的分界线以及利益分配等具有公共性职责的人物。"刀祢"是日语固有词，是"刀自"一词的男性形式，"刀自"意为拥有统率全族权限的老妇，故而"刀祢"一词意指有见识的老人、指导者等，在这个意义上可泛指官吏。这一推测的依据是，拥有官吏履历的退职者被称为"散位"，其读音也与"刀祢"一样，可以读作"トネ"（tone）。如上所述，当时的富豪通常具有在官府担任低级官吏的经历，因此地方上无疑存在相当数量的"トネ"。这些前官吏和有识之士广泛地分布于地方社会，或许可以说正是律令制的成果。

虽说国衙让富豪承包了田地耕作的相关工作，但如果没有代替郡司、乡长的组织，仅仅依靠缔结一对一的契约就施行地方行政是不可能的。这就是九世纪的"刀祢""田刀祢"的作用。实际上在国衙的"国例"①中就有发动"散位"参与国衙行政事务的法令，因此一般认为国衙在必要的公共事务方面，行政性地利用了"刀祢"在地方社会中的权威。

"群党"暴动与虾夷、新罗人

不过，九世纪地方社会的重组未能如国衙所愿。相反，更为引人注目的是，这一时期的富豪浪人与地方富豪的活动，导致其内部出现了被称为"群党""贼党""党类"等的反体制集团。朝廷派遣的征收赋税的使者反而常常遭到富豪阶层召集的"群党"的暴力攻击等。

而这些群党的活动，进一步发展成为广范围的暴动。比如著名的横跨东山道、东海道②的"俀马党"武装运输集团的暴动。起初是"坂东诸国富豪之辈"为了东国早期庄园的租税进献和商业活动所经营的交通事业，以庄园的

---

①国例指各地的国衙根据当地现状，对律令法的法规进行修订后实行的习惯法。
②东山道、东海道均为日本古代行政区划的"五畿七道"之一。东山道指京畿（京都）以东的山岳地带为中心的诸国，东海道指京畿以东太平洋一侧的沿海地带为中心的诸国。

权威和武装力量为后盾，与国衙发生冲突，进而掠夺运送赋税的马匹等，发展成为一群盗匪。据说他们虽然受到了国司动员的东国诸地官兵的讨伐，但一直固守碓冰峠、足柄峠①等山地未曾屈服。而在西国地区，在濑户内海的港町（交通要冲、商贸港口）住民的支持和默许下，海盗的活动范围日益扩大，连续发生暴动。于是，八六六年肥前国②郡司与新罗人合谋计划袭击对马、八六九年壹岐国与新罗人勾结意图谋反等流言在西国地区四处流传。

这些持续不断的叛乱对于日本而言还是首次发生，给了解邻国唐朝和新罗末期状况的统治阶层带来了深刻的危机感。特别是西国地区与新罗人合谋的事件，加深了统治阶层对于国内群党暴动与异族勾结的警戒心。在这一背景下，发生了上述"新罗海贼"袭击大宰府运送赋税船只的事件。统治阶层大概对此次事件充满恐惧，害怕如同"承和之变""应天门之变"一样，王权内部的斗争与地方社会的混乱状况相结合进而演变成内乱，因此，朝廷将居住

---

① 碓冰峠位于群马县，足柄峠位于神奈川县，自古是交通要冲，在东国（关东）地区以西。
② 肥前国是律令制下设立的国名，属于西海道，包括现在的佐贺县和长崎县大部分。

第一章　桓武王统与平安王权的原型（九世纪）

在大宰府的新罗商人流放至东国地区，藤原元利麻吕被控与新罗合谋叛乱而获罪。

长期在日本居住营商却被流放到异国的边远之地，新罗商人们（即所谓的"海贼"）的最终命运如何，原本就无法知晓。不过颇有意思的是，在他们之中有三人被流放至武藏国，于八七三年从流放地逃走，被全国通缉。而在两年后的八七五年，与武藏相邻的下总国发生了由陆奥国送来的虾夷战争俘虏引起的暴动，即"俘虏怨乱"事件。当时俘虏们欲逃回陆奥国，途中约有一百二十人在下野国被捕杀。而类似虾夷俘虏的暴动在此后的大约二十年间反复上演了四次。

正如此时《太政官符》中"群盗之起，在于俘囚"的记述，国家认为俘虏的抵抗是东国地区一连串的"群盗"事件发生的根源，从中也显露出统治阶层害怕地方上的群党暴动与虾夷结合在一起的心理。被流放到这里的新罗人看到如此不稳定的东国局势，又会作何感想呢？他们制定了怎样的逃亡计划？对此史料中虽然没有任何记载，但他们所看到的是戡中这个时代日本国家本质的事态，这一点毋庸置疑。

第二章　桓武王统的再建与王统分裂（十世纪）

修验僧道贤目睹醍醐天皇及其亲信在地狱受折磨的景象（《天神缘起绘卷》，纽约大都会艺术博物馆藏）

1. 宇多、醍醐与菅原道真

光孝王统的登场及其家系

八八三年十一月发生了一起前所未有的事件——阳成天皇在清凉殿与乳母之子发生争执后将其杀死。此时年仅十六岁的阳成，因为这一事件不得不引咎退位。正如前文所述，鉴于当时国家与地方已经存在着巨大的矛盾，就不难理解皇室贵族拒绝继续拥戴犯下杀人罪行的天皇了。而引导这种舆论的，正是与太后高子及阳成不和的摄政藤原基经。

整个九世纪，皇室一直纷争不断。然而反过来，无休止的纷争催生出对皇室再建的期待。在此情形之下，贵族们认为符合桓武天皇遗愿的皇位正统继承人恒贞亲王在"承和之变"（八四二年）时被废一事本来就是错误的。因而在阳成天皇退位后，一致希望由恒贞即位。然而此时六十岁的恒贞已出家，无意再来行火中取栗之事，况且他也死期将近了。于是关于人选问题朝议纷纷，而最后继任皇位的是仁明天皇之子光孝，一位五十五岁的年迈天皇。然而不管怎样，曾经取

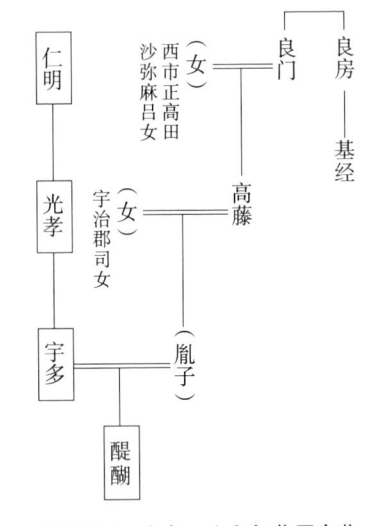

系谱图6　光孝、宇多与藤原高藤

代恒贞继承皇位的"仁明之子文德天皇—文德之子清和天皇—清和之子阳成天皇"这一系到此被排除出王统之外了。

就在皇族们围绕继任天皇的人选忙于自荐、他荐而吵吵嚷嚷时，光孝依然过着简朴的生活，超然于事外。据说光孝即位后，要求还钱的町人们拥向大内，而他的妻子班子还亲自去集市买东西。另外，如系谱图6所示，光孝之子宇多迎娶了藤原胤子为妻，而胤子的祖母是京都西市"市正"（集市官吏）的女儿。问题还不止于此，胤

子的母亲是山城国①郡司（宇治郡司）的女儿，年轻的藤原高藤外出狩猎时曾与她发生了关系。据说后来高藤找到郡司家时，孩子都已经长到五六岁了。当时的贵族在元服之时外出狩猎，要跟一位女性共度一夜以证明自己已经成人，这在《伊势物语》"初冠"一节中有所描述，并不罕见。但是如果生下的这个女孩就是胤子，事态就严重了。如系谱图6所示，胤子嫁给了光孝之子宇多，两人生下了后来的醍醐天皇。简而言之，新生的"光孝—宇多—醍醐"一系的王统通过藤原高藤而混入了"市正"和"郡司"的血脉。相对于奈良时代具有神权色彩的天皇生母的出身而言，这是难以想象的。光孝、宇多的王统可以说已然是具有出自平安京市井世界的平民色彩的天皇了。

当然，藤原高藤是藤原良房的弟弟之子，也就是藤原基经的堂兄弟。而如系谱图7所示，光孝之母泽子与基经之母乙春是姐妹，故光孝和基经之间的关系非常密切。特别是基经的妹妹、女官长淑子，不仅与光孝之妻班子关系亲密，而且还是光孝在位三年过世后继承皇位的宇多天皇

---

①山城国是律令制下设立的国名，属于五畿之一，位于现在的京都府南部。

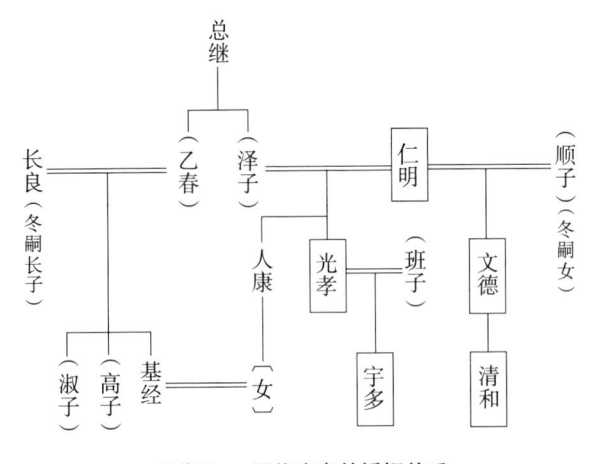

系谱图 7　围绕光孝的婚姻关系

的养母。因此，这种"平民色彩"只不过是一种氛围，光孝、宇多毫无疑问仍然是最高阶层的皇族。所谓的"平民色彩"仅仅是醍醐天皇母亲家的门第，而且因为这一血统的影响，最初醍醐被排除在了皇位继承之外。

宇多天皇与"阿衡"纷争　八八七年即位后，宇多天皇立刻就面临着一项重大考验。当他欲尽早任命

第二章 桓武王统的再建与王统分裂(十世纪)

藤原基经为关白[①]时,一部分训诂学者针对诏敕中"宜以阿衡之任为卿之任"[②]的语句,将"阿衡"解释为没有具体职权的名誉职衔。所谓"阿衡",相传是中国古代贤臣伊尹曾经担任过的人臣最高位的执政之职,不过是"关白"一职的中国式说法,而基经以此为借口吹毛求疵。这一事件实际是基经针对诏敕的起草者,即橘氏一族的长老、参议[③]橘广相的反击。橘广相很久之前就开始担任宇多的师父,并将女儿义子嫁给宇多为妻,二人生下了齐中、齐世两位亲王。宇多的言行中表现出他很重视这层关系。

藤原基经既然担任关白,首要的就是希望确保自己作为天皇外戚的地位。而且众所周知,阳成退位事件的背景之一是高子拒绝了基经的女儿温子入宫。宇多未能顾及这一点,而让橘广相起草任命基经为"阿衡"(即"关白")

---

①关白,语自《汉书》,经遣唐使引入日本后,逐渐成为日本天皇成年后辅助总理万机的职位。平安时代藤原氏首开关白一例,后几乎每代天皇皆有关白执政。与摄政合称"摄关"。执掌朝廷的藤原氏及其后裔即称"摄关家"。
②参见《政事要略》卷三十"答太政大臣辞关白敕"(橘广相作)。
③参议是律令制的官制以外设置的太政官(内阁)官职,地位仅次于大纳言、中纳言,可以参与国家大政的议论。

的诏敕，这一做法本身就是关系到重臣体面之事。① 于是对于橘广相与宇多引人瞩目的联合，非议之声四起，导致他们被全体贵族所孤立。最终宇多被迫颁布自辩诏书，恳请基经就任关白，同时对橘广相的错失进行论罪，陷入屈辱的境地。

不过无论是怎样的王权，新皇要想树立自身的权威就必须通过众多考验，这是常有之事。成功扳倒橘广相后，藤原基经希望将女儿温子嫁入宇多后宫的愿望得以实现，纷争最终解决。这场围绕中国古典训诂学的纷争最后以结婚契约落下帷幕，似乎成了一出喜剧。这姑且不论，由此宇多拥有了三位妻子（参见系谱图 8）：第一位是担任其家庭教师的学者橘广相的女儿义子，第二位是前述生下了醍醐天皇的胤子，第三位则是让其备受煎熬的重臣基经的女儿温子。宇多时期的政治正是以这三位妻子的相互关系为主轴展开的。

---

①高子为阳成天皇之母，曾拒绝基经之女入宫，而最后接受了橘广相的女儿。此事本就使基经面子上不好看，这次再加上被"入宫之争"中的胜者起草诏敕，基经更是有失尊严。

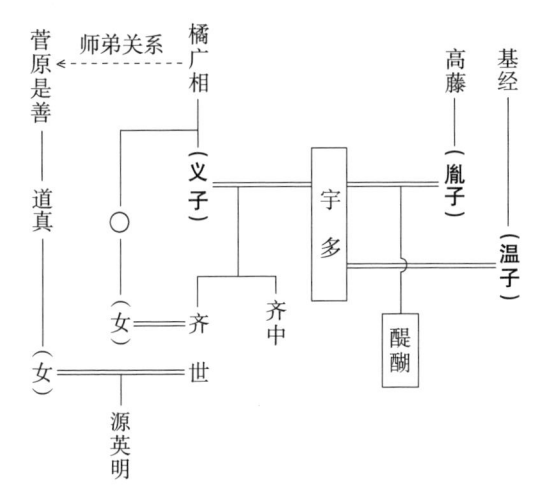

系谱图 8　宇多的三位妻子与菅原道真

宽平国制改革与"院政"志向

宇多天皇此时年仅二十二岁，正是励精图治、权力欲旺盛的时候。而橘广相和藤原基经于八九〇年及次年正月相继过世，较之刚即位时变得更加自由的宇多立刻以桓武天皇时期的德政为范本，颁布了一连串的"新制"法令，开启了所谓宽平国制改革。宇多的新制具有划时代的意义，此后平安时代反复出现的换代新制，即天皇即位后（如是年幼天皇则在其成年后）发布所谓"维新"法令的惯例，

63

都是以此为原型的。关于宇多新制的内容和社会影响,将在本章末节进行阐述(关于"新制"本身请参见序言)。

这次国制改革是以菅原道真为中心推进的。他在藤原基经死后,即推行宽平国制改革前夕,被提拔为藏人头,从而进入权力中枢,并在两年之后位列参议。宇多之所以提拔道真,是因为他是前参议菅原是善之子的缘故,菅原是善也是橘广相学问上的师父。对于基经带来的屈辱,宇多无法释怀,对他而言道真可以说就是橘广相的替身,于是他提携道真,让其代替橘广相出任齐中、齐世两位皇子的监护人。

嵯峨、淳和、清和等都曾做过太上天皇,一开始宇多的目标也是遵循这些先例,作为"父皇"以上皇的身份实行"院政"。但是八九一年,宽平国制改革推行正酣之际,将在宇多退位后继承皇位的齐中亲王过世,这对于宇多而言无异于一记重击。在这种形势下,宇多对菅原道真予以重用,甚至连皇位继承的问题都征求他的意见,这对于此后政治局势的发展产生了重大影响。如前文所述,宇多顾及醍醐之母的门第出身,在立太子问题上犹豫不决。道真这时大概是鼓励宇多早做决断,向其进言立长子醍醐为皇太子。于是宇多在立醍醐为皇太子之后不久，表明了希望按照自己的意愿让位于醍醐，实行"院政"的想法。

当初，对于宇多的让位，据说连菅原道真都是不赞成的。不过随着宽平国制改革告一段落，醍醐也于八九七年迎来元服的成人礼，时机已经成熟，宇多终于得以让位，醍醐即位。宇多许配给醍醐的妻子是醍醐的姑母、宇多的妹妹为子内亲王。与当年桓武天皇同样，宇多希望通过同族婚配来纯化皇室血统。而为子也很快就有了身孕。由于醍醐已经元服，新天皇之下就不能再设置摄政之职，于是在上皇宇多的监护下，直到醍醐二十岁为止，委任大纳言藤原时平（基经的长子）和权大纳言[①]菅原道真共同辅佐天皇处理"万机之政"。当然，过世的齐中亲王的弟弟齐世地位也依然重要，因此宇多一方面将醍醐监护人的地位授予时平，一方面令道真担任"皇弟"齐世的监护人。在醍醐元服、即位、婚娶之后，紧接着将道真的女儿嫁给了齐世。从这一系列的安排可以明显看出宇多的意图。

在宇多"院"的权威笼罩之下，天皇醍醐和皇弟齐世两位少年并排而立，而辅佐处理"万机之政"的则是藤原

[①]权大纳言是权官的一种，即超出律令官制额定人数而增设的大纳言。

时平与菅原道真。倘若醍醐与为子之间能够如愿生下男婴，那么这种体制可能会带来宇多"院政"的发展。然而八九九年为子却死在了产褥上，局势一下子变得变幻莫测。乘着这个空隙，时平成功将妹妹稳子送入宫中。醍醐与稳子同龄，此时都还不过十五岁。而宇多和为子的母亲班子对此都极为愤怒，认为为子的死是由于稳子一方的诅咒。

此后不久，齐世与菅原道真之女为宇多生下了长孙源英明。经过这一系列的局势发展，"宇多—齐世—菅原道真"与"醍醐—藤原时平"两方之间的嫌隙加深了。宇多一方是否有欲立皇弟齐世为醍醐皇太子的动向？醍醐一方又是否会如此猜测而疑神疑鬼？虽然详情不明，但就在此时发生了著名的道真流放事件。在醍醐下达的流放诏命中，严厉斥责道真离间其与宇多、齐世之间的父子、兄弟之情，甚至意图妄行"废立"之事，言辞激烈。由此道真被罢免了右大臣之职，贬为大宰权帅[1]。据说宇多得知这一消息后，急忙赶往大内欲面见醍醐，但他在门前坐等一天，大内的宫门依然紧闭。不久，齐世亲王出家，

---

[1] 大宰权帅是管理九州地区，并负责国防、外交事务的大宰府的次官。长官称为大宰帅。

而道真则于九〇三年在大宰府去世。

"圣君"醍醐与菅原道真的怨灵

九〇二年,醍醐颁布了即位后的新制,即所谓"延喜国制改革"(延喜新制)。关于延喜新制,将在本章末节详细探讨。由于宇多的宽平国制改革与其实行院政的企图一同受挫,醍醐所推行的新制就具有重大意义,作为成功完成新制的天皇,醍醐实行"德政"的"圣君"形象深入人心。

不用说,负责编订和发布新制及其延续的《延喜格》的,正是与醍醐关系密切的藤原时平。而时平的妹妹稳子在菅原道真被贬黜后成为醍醐的女御①,稳固了天皇之妻的名分,继而怀孕,于九〇三年产下期盼已久的皇子保明。此时醍醐与稳子均为十九岁。第二年,年仅两岁的保明被立为皇太子。而在保明元服后,时平的女儿仁善子以"添卧"②的名义进入保明后宫,不久两人的儿子庆赖王

---

①女御是天皇后妃的名号之一,地位仅次于皇后、中宫。
②添卧指皇太子或皇子元服之日的夜晚入宫侍寝的少女,一般从公卿大臣的女儿中遴选。

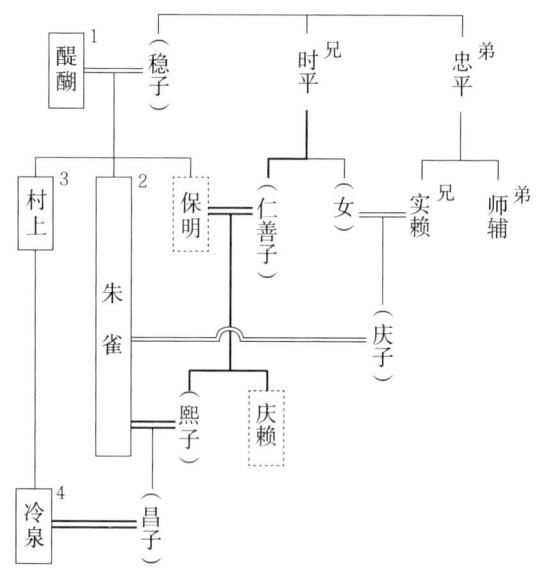

系谱图 9　醍醐、稳子、时平的结合

□内为天皇，┆┆内为皇太子

出生（参见系谱图 9）。

如此一来，醍醐与藤原时平家族之间诞生了皇位继承人，王统暂时迎来了安定时期。然而对醍醐来说却时运不济。先是九〇九年年仅三十九岁的时平英年早逝，也有人私下议论时平的死是由于菅原道真的怨灵作祟。随后皇太子保明亲王于九二三年过世，继立为皇太子的庆赖王也于三年后夭折，年仅五岁。此后不久，九三〇年京都发生了雷击事件：传说雷神栖身的爱宕山涌出乌云，雷声轰鸣，雷电击中了清凉殿，致使殿中贵族死伤惨重。这近在眼前的落雷刺激了醍醐的神经，令他相信道真的怨灵作祟是确有其事。从那以后醍醐一直"不豫"（重病），终于在三个月后过世。

如此一来，醍醐的王统就被不祥的阴云所笼罩。一般而言，醍醐执政时期被认为是未设置摄政、关白的理想状态下的天皇"亲政"时期。然而，这种看法无视了两个简单的事实：首先，如若藤原时平未死，醍醐大概会早早退位实行院政，而由时平担任保明的摄政；其次，对醍醐来说颇为尴尬的是直到他死后的第二年，父亲宇多"院"（上皇）才去世。如果醍醐在没有成年子嗣的情况下退位实行院政，就很可能与同为"院"的父亲之间再度爆发政争。总而言之，醍醐的"亲政"不如说是不得已的形势使然，绝非其本意。正是上述时局的发展变化，一方面形成了"道真怨灵"的说法，一方面造就了"圣君"醍醐"亲政"的观念，这种理解或许才是准确的。

2. "承平天庆之乱""安和之变"与王统分裂

朱雀与皇太子之位的空缺、"承平天庆之乱"

对醍醐的王统而言值得庆幸的是,在保明过世的当年,稳子生下了次子朱雀。据说稳子担心菅原道真的怨灵作祟,于是将宫殿的门窗紧闭,日夜点烛,就这样一直将朱雀养育到三岁。后来在朱雀四岁时,稳子又高龄产下了第三子村上。

醍醐驾崩后先是由朱雀继承了皇位,时年八岁,由藤原时平的弟弟忠平(时年五十一岁)担任摄政。与很早就站在政治风口浪尖第一线的兄长相比,忠平可说是利用了作为弟弟的特权,以骑墙派自居,与宇多和菅原道真一方也保持着良好的关系。但是以醍醐的妻子稳子为中心,皇族之中依然留存着对时平血统的执着。九三七年朱雀刚成年元服，保明与时平之女仁善子所生的女儿熙子（即庆赖王的妹妹）就以女御的身份入宫了（参见系谱图9）。由于朱雀被看作是保明的转世，众人都期待着他能与保明之女孕育子嗣。然而四年过去了，两人之间也未能生下孩子。即便如此，对于时平血统的执着依然持续，九四一年忠平的长子实赖与时平之女所生的女儿庆子又入宫成了朱雀的女御。

在菅原道真的怨灵传说广为流传的背景下，醍醐的王统会如何传承呢？朱雀与熙子、庆子之间能生下皇子吗？这成为人们关注的焦点。然而两位皇妃没有一点怀孕的迹象，就这样在前后长达十五年间皇太子之位空悬，皇位继承面临巨大危机。

恰巧此时在东国和西国地区又分别发生了平将门与藤原纯友的叛乱，即所谓"承平天庆之乱"。叛乱的两个头目中，藤原纯友是藤原基经同胞兄长的孙子，出身藤原氏北家的名门贵族，而平将门则是留住东国的桓武后裔平氏的子孙。他们的叛乱令京中的贵族们也难以置身事外。尤其是九三九年平将门号称自己被"左大臣正二位菅原朝臣（道真）之灵魂"授予"新皇"之位而举兵一事，令朝野震荡。藤原纯友恐怕也四处散布了同样的谣言。而九四一年叛乱的余波尚未平息,又传出了著名的修验僧道贤和尚目睹醍醐因迫害忠臣道真的罪行而被地狱之火炙烤的怪谈,一举传遍了全国。本章篇章页所配《天神缘起绘卷》中所描绘的醍醐在地狱中的模样与《道贤上人冥途记》[①]中所叙述的内容完全一致。菅原道真的怨灵传说远远超出了宫廷社会的范围,质疑醍醐王统正当性的社会舆论扩散到全国各地。面对如此形势,九四四年朱雀立弟弟村上为皇太子,而后在继续等待了两年依然没有子嗣的情况下,将皇位让给了村上。

村上、冷泉天皇与藤原师辅的夙愿

接替朱雀即位的村上天皇时年二十一岁,是醍醐与稳子的幼子。经过多年的等待,九五〇年村上与藤原忠平次子师辅的女儿安子之间生下冷泉,即刻册立其为皇太子。冷泉的诞生确立了其外祖父师辅的权势,一举改变了宫廷政治的格局。当然,师辅并非没有竞争对手。就官位而言,

---

① 《扶桑略记》第二十五 "朱雀天皇纪" 收录。

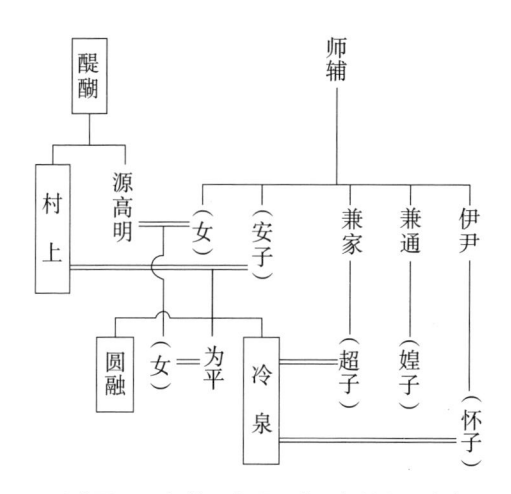

系谱图 10　师辅、高明、安子与村上、冷泉

兄长实赖始终位列他之上。如系谱图 9 所示，忠平的长子实赖与时平之女所生的女儿庆子嫁入了朱雀后宫，这是实赖仕宦经历的起点。从这个意义上来说，实赖是朱雀与时平联结的纽带。如果朱雀与庆子之间能生下皇子，情况想必会有所不同，然而事实上却是弟弟师辅一系成为摄关家的中心。如系谱图 10 所示，师辅的女儿安子又为村上生下了为平和圆融两位皇子，从而确立了师辅作为下一代天皇外祖父的牢固地位。

73

但是冷泉的诞生从一开始就蒙着一层阴影。据说师辅曾拜托天台座主[①]良源举行祈祷仪式,向神佛祈求保佑女儿生下皇子,并誓言愿为此折寿。良源是延历寺的中兴之祖,一心期盼延历寺的繁荣,传说其曾将天狗、天魔收入麾下驱遣。而师辅按照其誓约,未及登上摄政、关白的高位,就很快于九六〇年去世,时年五十三岁。此时皇太子冷泉年仅十一岁,师辅在世的时间若能稍长一点,或许就能担任冷泉的摄政了。与失去了藤原时平的醍醐一样,村上在失去了师辅这一适任的摄政人才之后,无法再行让位之事,四十二岁驾崩之前不得不一直坐在皇位上,而此时距离师辅过世已经七年了。村上"亲政"的原因显然与醍醐如出一辙。

问题是九六七年村上死后即位的冷泉是一位重度的精神障碍患者。病情发作时甚至很难保持身体平衡的冷泉,却在即位后的大尝会祭典中举止得体,人们纷纷传言,"看到藤原师辅的灵魂从背后守护着冷泉"。虽然冷泉的病魔未能祛除,但此时他已娶了师辅的长子藤原伊尹的女儿为

---

①天台座主是指统领日本佛教天台宗的比叡山延历寺的住持之职。

妻。而伊尹与其担任藏人头的弟弟藤原兼家一起，竭力效忠于冷泉。

然而，随着冷泉的病情无法医治的事实越来越明显，以当时尚在世的师辅的兄长藤原实赖为中心，要求冷泉退位的呼声日益高涨。但冷泉并没有退位，而是以册立皇太子的方式暂时稳定了眼前的危局。不过问题在于皇太子的人选。若以理所当然的长幼之序而论，皇太子的人选本该是比冷泉小两岁的胞弟为平（时年十六岁）。然而如系谱图10所示，为平此时已娶了村上天皇的兄长左大臣源高明的女儿为妻。一旦他成为皇太子，源高明将来就极有可能成为天皇的外祖父。源高明娶了藤原师辅的女儿，实际上也算是师辅一族的人物。然而师辅的兄长实赖与弟弟师尹却对源高明十分厌恶，师辅的儿子伊尹和兼家也是如此。结果皇太子之位就落到了冷泉和为平的弟弟圆融的身上。当时年仅九岁的圆融尚未娶妻，立其为皇太子，可使围绕冷泉之后皇位继承问题展开的各种实际运作都暂时搁置，这就意味着实赖、师尹等人将来也有机会成为天皇的外祖父。然而为平与源高明一方却被不公平地封闭了通往皇位之路，他们对此感到不满也是情有可原的。

第二年即九六八年十月，冷泉与伊尹的女儿怀子生下了花山皇子，事态由此更加复杂。因为在花山出生前不久，支持冷泉的伊尹、兼家一方或许是对能否顺利生下皇子感到不安，担任冷泉藏人头的兼家将自己的长女超子送入宫中，以代替有孕在身的怀子。花山皇子正是在这种情况下降生的。据说怀子的父亲伊尹闻讯后大喜过望，直言此乃"治理天下的君主的诞生"。面对这一局面，策划册立圆融为皇太子的实赖、师尹一方自然很是愤懑，于是九六九年（安和二年）二月，师尹和兼家的家臣之间爆发了激烈冲突。

"安和之变"与王统分裂

在这种不安定的局势之下，终于在次月爆发了"安和之变"——由于武家源氏的祖先即源满仲的告密，源高明因涉嫌图谋拥立为平而被贬为大宰员外帅①。一般认为"安和之变"是由藤原氏策划的针对源高明等其他氏族而实行的排斥异己的阴谋，以此确立藤原氏所谓"摄关政治"的

---

①大宰员外帅是相当于大宰府次官大宰权帅的官职，一般授予被贬黜的贵族，没有实权。

霸权。而源满仲作为摄关家的"侍"（武士），在事件中充当了藤原氏的爪牙。

不过这种说法首先忽视了一个事实，即藤原师辅曾拜托延历寺的天台座主良源祈祷冷泉的降生，而源满仲不仅自己皈依良源，还让儿子做了良源的弟子，也就是说源满仲与师辅一样对冷泉有着执念。

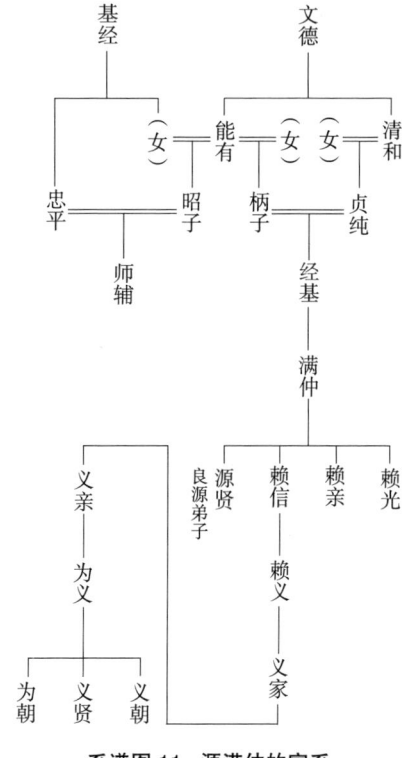

系谱图 11　源满仲的家系

如系谱图 11 所示，源满仲的父亲源经基是清和天皇的皇孙，出身于顶级皇族，而源经基的母亲与藤原氏北家的长老师辅的母亲昭子是姐妹，此外源满仲的侄孙女（即

《蜻蛉日记》的作者、藤原道纲母）嫁给了藤原兼家。诚然，源满仲确实是摄关家的"侍"，但他绝非纯粹只是作为家臣受人驱使，也含有主动参与国家和王权中枢事务的意味。还有一点需要补充的是，源满仲正是基于这一立场，让儿子源赖光、源赖信等出来做官，以辅佐冷泉。

而最为重要的是，上述说法忽略了"安和之变"最大的背景，即正是冷泉的癫狂才导致了皇位继承的纷争。同时也未能注意到是"安和之变"导致了冷泉退位、圆融即位（时年十一岁）以及花山作为冷泉继承人被立为皇太子（时年两岁）这一系列的结果。由此王权呈现出叔侄关系的年幼天皇与皇太子并立的异常结构。

在"安和之变"后不到三年的时间里，事变的三位中心人物藤原师尹、实赖以及伊尹相继过世，局势变得愈加混乱。对"为平—源高明"一派的政治清洗使得人心惶惶，在这种氛围中，年幼的天皇与皇太子慢慢成长，然而此时无论是皇室还是摄关家，都无拥有足够权威能协调两位少年关系的有力人物。于是朝臣们分别聚集在天皇与皇太子身边各自结党，围绕着王统走向的政治斗争越来越激化，从而拉开了冷泉、圆融两系王统迭立的序幕。

第二章　桓武王统的再建与王统分裂（十世纪）

在这种局势下，首先被孤立的是不改初衷始终为"狂王"冷泉效力的藤原兼家。如前文所述，兼家把长女超子送到冷泉身边，九六七年生下三条皇子，即皇太子花山的弟弟。与之相对，接近新天皇圆融的是兼家的兄长兼通，他在诸兄弟中年龄仅次于伊尹。大概是因为兼通在"安和之变"中手上没有沾染血腥才得以迅速崭露头角，他将圆融的母亲安子所写的"关白一职应按年龄顺序担任"的书信整天挂在脖子上随身携带①。据说他将书信展示给当时刚元服不久的十四岁的天皇圆融观看，从而一举登上关白之位。由此，兼家与兼通两人展开了激烈的兄弟纷争。

兼通执政时间不过六年，最为著名的是九七七年他临死时的一段逸事。据说兼通生命垂危之际，听闻兼家欲入宫觐见天皇求取关白一职的消息，居然立刻就爬了起来，在儿子显光等人的搀扶下追至宫中，给兼家加上了一个谋反的罪名。于是他死后坐上关白之位的是藤原赖忠，"安和之变"时担任关白拥立圆融的中心人物藤原实赖之子。从赖忠的立场而言，自己继任关白也是理所当然的。他效

---

① 参见《大镜》卷中"太政大臣兼通忠义公"。

忠于圆融，在圆融手下担任关白前后达八年之久。由此，摄关家的霸权看上去似乎转到了赖忠一系（参见系谱图12）。

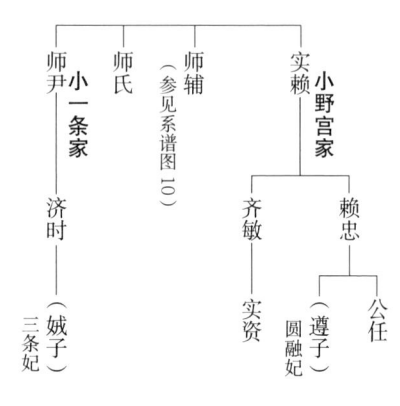

系谱图12　小野宫家与小一条家

小野宫家：实赖—齐敏—实资；赖忠—（遵子/圆融妃）、公任

小一条家：师辅（参见系谱图10）、师氏、师尹—济时—（娍子/三条妃）

可是问题在于圆融天皇的子嗣不多。早在藤原兼通在世时，十五岁的圆融就娶了兼通二十七岁的女儿媓子为妻，这段年龄足足相差一轮的婚姻并未留下子嗣。接着在兼通死后，藤原赖忠的女儿遵子入宫，然而她也未曾有过怀孕的征兆。具有讽刺意味的是，后来与圆融生下子嗣的竟是藤原兼家的次女诠子。她比遵子入宫要晚，却在九八〇年产下皇子（即后来的一条天皇）。

如此一来，早已是孤家寡人的兼家居然成功挽回了局面。可是圆融天皇与诠子虽然育有皇子，但两人的关系冷淡。或许是因为兼家一度被斥责意图谋反的缘故，圆融与他之间一直维持着微妙的紧张关系。而兼家似乎也是为了与之对抗，保持着一贯为冷泉效力的政治姿态。说穿了，兼家是以对癫狂的冷泉的忠诚为借口，将自己与圆融的关系保持在一种若即若离的状态，通过将女儿分别嫁入冷泉、圆融两系，在两系王统之间保持平衡。

花山天皇与净土教　最终圆融除了与藤原兼家的女儿诠子生下的一条皇子以外，再没有其他子嗣。在此期间，原本一直相互虚与委蛇的圆融与兼家两人的关系有所好转。此后圆融于九八四年让位于皇太子花山（时年十七岁），并明确了自己的儿子一条（五岁）是下一届皇太子的人选，圆融本人则打算作为上皇实行院政。

然而，作为在"安和之变"后的政治斗争中成长起来的青年天皇，花山的王者意识极其强烈。他自认是继承了"村上—冷泉"一脉血统的最正统的天皇，即使是面对藤原兼家这样的有功之臣，也绝不甘心受操控。而且花山身上还残存着承继于冷泉谱系的"狂"的影子。

根据史料，冷泉的癫狂是抑郁型的，与之相对，花山则是狂躁型的。尤其花山还是一个不折不扣的好色之徒。关于他的好色有个很有名的传说：花山在即将举行登基大典的太极殿的高御座之上，与担任褰帐命妇（负责挑起高御座帐幔的女官）侍奉在侧的宫中女官歌人马内侍发生了某种"圣婚"行为（参见《江谈抄》卷一）。据说在进行过程中，"冠"和"玉佩"（腰饰）发出的摇摆之声被近臣藤原惟成当作是天皇在摇"铃"召唤，便上前听命，而后故意将花山挥手要其"退下"的手势强词夺理地曲解为"委以全权"之意，于是对政事为所欲为。

支持花山的贵族首领，首推花山之母怀子的兄弟藤原义怀（即藤原伊尹之子）。花山即位后，年仅二十八岁的义怀立刻被任命为藏人头，开始迅速晋升至高位，将一步一个脚印依靠为政勤勉才得以仕进的叔父藤原兼家甩在了身后，大有只待花山生下皇子就立刻登上摄政之位的势头。其他支持花山的重要人物还有在上述登基大典的传说中登场的亲信藤原惟成。如系谱图 13 所示，惟成的母亲是藤原中正之女、花山的乳母，与兼家的妻子时姬（即道隆、道兼、道长之母）是姐妹，所处的位置极为关键。以天皇乳母之子的身份在政治上出人头地，这是中世时期的惯例，惟成的政治活动开创了其先河。尤其值得注意的是，兼家的儿子道兼也成了花山的亲信，据说他与花山是因净土教

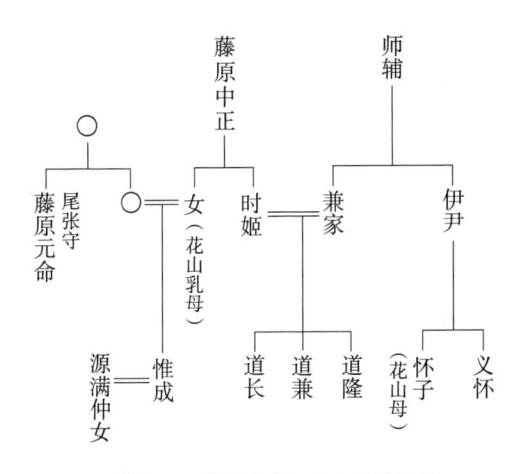

系谱图 13　藤原惟成与花山的近臣们

信仰而结缘的，两人结为师徒关系，道兼是花山宗教名义上的"弟子"。此外花山身边，还有效忠于冷泉并在"安和之变"中表现活跃的源满仲，这一点也非常重要。如系谱图13所示，源满仲的女婿是藤原惟成，儿子赖信则成了道兼的武士。既然花山一开始就是由"藤原伊尹—兼家"一系支持起来的，那么这种亲信集团的构成也就可以说是再自然不过的了。

花山执政之初，其政绩还是颇为耀眼的。他旗帜鲜明地批判前任天皇即上皇圆融治理国家的方式，积极展开立法活动，接二连三地发布了《庄园整理令》、《弓箭兵仗禁止令》(平和令)、《钱货强制流通令》、《沽价法》(物价统制法)、《俭约令》等法令，堪与宽平、延喜新制相提并论，尤为可贵的是这些法令还能自成体系。据说所有这些法令都出自花山的乳母之子藤原惟成的手笔。

然而实际上，花山所推行的政治倒不如说是受到了当时佛教与贵族社会密切关联这一时代风貌的巨大影响。花山即位的第二年即九八五年，惠心僧都源信①的《往生要集》成书，当时正是净土教与末法思想盛行之时。同年，已经怀有身孕的皇妃怀子过世，此事对花山的命运产生了直接影响。怀子是花山的东宫权大夫、大纳言藤原为光（伊尹、兼家的异母弟）的女儿，原本被认为是最适合为花山诞下皇位继承人的人选。花山对她的死痛惜不已，悲伤过度，以致于第二年六月突然出家，遁入空门。

这位年轻君主的出家对于方兴未艾的净土教而言，无异于一次大张旗鼓的宣传。然而此事的实情却是一件彻头彻尾的丑闻。事实上花山的出家是受到了藤原兼家之子道

---

①源信（942—1017）是平安中期天台宗的学僧，因住在横川惠心院修行，故被尊称为"惠心僧都"。

兼的拐骗，道兼自认为是花山宗教名义上的"弟子"，极力奉承讨好，与花山"约定"一同出家。此事的背后推手无疑是兼家，他对"花山—藤原义怀"一派势力的抬头非常警惕，正不断强化与圆融的政治关系。

据说逃离大内清凉殿出家的当天夜里，道兼早早将天皇象征的神玺、宝剑转移到了皇太子一条宫中，然后就催促尚在月光下踌躇的花山赶快上路。于是两人一道离开皇宫，循着夜路来到位于山科①的花山寺。可是到了寺门口，道兼借口说："我去向父亲道个别，马上回来。"然后就逃之夭夭了。此时方才醒悟的花山哭诉着"我被算计了"，咒骂道兼蒙骗了自己（参见《大镜》卷上）。

至此，花山即位后还不足两年的治世就这样在九八六年六月的这天夜晚终结了。得知花山出家的消息，义怀与惟成自知万事休矣，干脆也出家了。而招了惟成做女婿的源满仲不久也步其后尘，遁入空门。

---

①山科是京都东部的地名，在今京都市山科区一带。

3. 遣唐使的废止与地方社会

遣唐使的废止与宇多、醍醐

延历、承和年间的两次遣唐使的派遣分别发生在平城、仁明天皇即位之际,这是九世纪遣唐使的一大特点。据此先例,宇多在即位后不久就讨论派遣遣唐使的问题,也就十分自然了。而起用菅原道真为遣唐使,也有延历遣唐使判官菅原清公、承和遣唐使判官菅原善主的先例可寻。考虑到宇多本人对于曾派遣延历遣唐使的桓武天皇的崇拜之情,以及对于祖父仁明天皇派遣承和遣唐使先例的尊重,这次计划很可能是由宇多本人发起的。宇多即位以来,"新罗海贼"屡屡进犯九州,矛盾再度激化,他对于新罗的敌对心理相当强烈,因此很有可能试图通过派遣遣唐使来宣扬自身的对外权威。

然而八九四年菅原道真被任命为遣唐使后,立即针对遣唐使派遣问题,写下一篇明辨功过的奏状①,朝廷就此于次月废止了遣唐使的派遣。道真在奏状中引述了当时滞留在中国的僧侣中瓘送回的报告,报告中详细记载了大唐帝国已衰败,遣唐使即使顺利抵达也无法获得必要的接待等情况。而遣唐使如若未获接待,自然会有损天皇的权威和体面。还有一件事情也与此类似:宇多曾有一次接见了唐朝商人,而第二年(大概是根据道真的谏言)此事被认定是错误的,进而规定"今后天皇不得与外国人面谈"。这体现了天皇必须保持超然地位,不直接承担对外关系职责的理念。

随着大唐帝国的崩溃(九〇七年)、辽(即契丹,九一六年)与宋(九六〇年)的相继建国,以及朝鲜半岛新罗的灭亡(九三五年)和高丽的统一(九三六年),当时的东亚社会进入了动乱时期,国际局势变幻莫测。面对这一形势,日本王权采取了这种可谓"超然主义"的对外姿态。当然,所谓的"超然主义"乃是一种自我绝对化

---
①参见菅原道真《请令诸公卿议定遣唐使进止状》(《菅家文草》卷九)。

的逻辑，并非意味着王权丧失了帝国的野心。比如号称"武略之声望鸣响于海外"的镇守府将军藤原利仁计划征讨新罗的传说①，就表明了对"旧敌"新罗的"海贼"感到不胜其扰的宇多王权的对外立场。尤其重要的是，自八九一年北部地区的弓裔叛乱和第二年甄萱在光州自立为王的事件开始，朝鲜半岛进入了内乱时代，这两次事件分别与后高句丽（九〇一年）、后百济（九〇〇年）的建国相关联。恰如白村江之战（六六三年）前后的高句丽、百济和新罗之间的三国关系一样，后高句丽、后百济以及面临解体的新罗之间互相争斗，拉开了所谓"后三国"时代内乱的序幕。

在此期间，后百济的建立者甄萱曾在九二二年和九二九年两次向日本遣使上表，申请朝贡，并希望因循白村江之战以前的旧例，奉日本为宗主国。此事无疑对王朝国家日本产生了巨大的冲击。倘若此时援助后百济，介入朝鲜半岛内乱，那么皇室的"超然主义"可能就会一举转变为侵略逻辑。然而甄萱的使者到来之时，醍醐王统正深

---

① 参见《今昔物语集》卷十四"降伏法显灵利仁将军身死"。

陷以菅原道真问题为中心的危机之中，完全没有余力理会与朝鲜半岛的关系。此后，最初占据优势的后百济围绕王位继承问题产生了分裂，并被高丽吞并，于是此事也就没有下文，不了了之。

但是，正如"承平天庆之乱"中平将门援引建立辽国（契丹）的耶律阿保机之例，试图将自己的叛乱行为合理化，东亚地区的内乱局势也对日本产生了深刻的影响。例如平将门叛乱发生后盛传的"醍醐堕入地狱之说"。这个天皇入地狱冥府的故事对于当时的人们来说绝非单纯的迷信那么简单，它是在东亚社会共通的国家思想体系下形成的叙事，这一点必须加以注意。

如前所述，日本王权理想"德政"的原型要追溯到唐太宗"贞观之治"的时代（六二七—六四九年），描绘唐太宗治世的《太宗图屏风》作为象征天皇善政的陈设品，在平安时代也常常用来装饰宫廷大内。而正如敦煌出土的《唐太宗入冥记》所示，唐太宗因犯下战争罪行而遍历地狱的传说，在这个时代的东亚地区广为传播。因此，醍醐天皇乃施行"德政"的"圣君"这种观念，自然也需要用醍醐曾与唐太宗一样遍历地狱的传说来从反面加以补充印证。由此，日本天皇成为与中国皇帝同等的存在。而随着"醍醐圣帝入地狱传说"的完成，菅原道真的怨灵受到"抚慰"，并由国家祭祀于北野神社，菅原道真的传说渐渐地失去了其政治意义。

同吴越国的邦交与僧侣的中国巡礼

一般而言，遣唐使的废止意味着日本与东亚世界之间的政治关系中断。然而这种看法实际上是一种时代错误，它无视了一点，即原本国家间通过官方使节往来的传统外交形式在大唐帝国崩溃以后就成了一种例外。这一时期东亚各国官方的外交形式发生了重大的变化。

在十世纪，如宽建、日延等僧侣在天皇许可下多次赴中国巡礼，在对外关系方面更为重要。这些僧侣的事迹尚有许多不明之处，不过关于延历寺的日延和尚有一点可以确定：延历寺与中国天台山有着悠久的交流史，日延受天台山之邀，在时任右大臣藤原师辅的支持下，奉村上天皇敕命作为"遣唐法门使"前往吴越国。吴越当时建国于中国南部，是五代十国之一。日延乘坐吴越商人蒋承勋的贸易船只前往吴越，从吴越王处获赠"紫衣"，并学习了新

第二章　桓武王统的再建与王统分裂(十世纪)

的历法，于四年后回国。而吴越王于两年后派遣"持礼使"访日一事也与日延的吴越之行有关。而且蒋承勋等吴越商人自九三五年以后多次往返于中日，捎来了吴越王赠送给朱雀、村上两代天皇以及左右大臣的信物。虽说天皇基于"超然主义"的原则并未收下，但藤原忠平、仲平、实赖、师辅等历代大臣都收下了，并回信赠礼答谢。因此可以毫不夸张地说，吴越国与日本之间存在着大体正常的邦交关系。

如此一来，摄关家与外交的关系就日益紧密了。在未来不可预测的国际形势之下，他们通过与以延历寺为首的承担着国际交流这一国家任务的佛教势力合作，代为行使了天皇的外交职权。而天皇超然的外交姿态也是以此为支撑的。随着日延的支持者藤原师辅在回国三年后的九六〇年突然去世，以及兴盛一时的吴越国于九七八年被新崛起的宋朝吞并，"吴越—日本"之间的外交关系自然未能再有进一步发展。但是，在遣唐使废止后日本似乎走上所谓"国际孤立"之路的十世纪，双方竟然维持着如此密切的具有官方色彩的外交关系，这一点意义重大。

此后肩负起国际交流重任的，是秉承中国王权旨意而担负政治任务的极具势力的海洋商人。"海商"的登场极为重要,他们支撑起了宋代中国的海洋发展,在亚洲各地扩展居留地(如日本的博多①、敦贺②等地),构建了国际外交以及经济贸易、人员交流相关的基地。

宽平、延喜新制与"受领"

宇多天皇的宽平新制以及紧随其后醍醐天皇的延喜新制对平安时代的社会形态产生了重大影响。其主要内容是:首先,禁止了通行于九世纪的皇室贵族的地方"留住";其次,规定庄园的设立必须经过国家的认可。也就是说宽平、延喜新制最大的着眼点在于消除九世纪的庄园成为群党暴动据点这一隐患,重建以国衙为中心的支配体系。这些国制改革获得了成功。

受此影响,在十世纪设立庄园必须以加盖内印(天皇朱印,即所谓的御玺)的太政官符和民部省符为依据,换言之,庄园的设立必须获得天皇的批准,这成为既定的原则。这种依据内印许可设立的庄园一般称为"官省符庄"。

---

①博多是当时大宰府的外港,位于现在的福冈县福冈市东部,面向博多湾。
②敦贺是当时港口都市,即现在的福井县敦贺市,面向敦贺湾。

而在设立庄园的许可文书中明确记录了庄司（庄园的官吏）以及"庄子"（庄园的专属农民）、"寄人"（寄居庄园之人）等人员的数量，并由国司进行认证、监督。

庄园在保持私有土地性质的同时，成了一种国家性质的土地制度。京都的贵族们一方面拥有出任国司、经管国衙领有土地的机会，另一方面国家也许可他们收取私人庄园的租税。对于都市贵族、官僚而言，国衙领有土地与私人所有庄园成为受国家保护的两种收益来源。

在此过程中，国衙领有土地的体制发生了变化，国司成为所谓"受领"，只需承包一定数额的税赋，作为回报，可以取得运营所任职之"国"的全权。而国司全面采用九世纪已出现的方式，将土地耕作的工作进一步转包。国司把这些承包土地耕作之人称为"负名"，即"以土地耕作之名担负承包该项工作"的人。这样，律令时代以来国衙领有土地内的民众为"公民"（即百姓）的原则得以维持，他们与私人所有庄园的"庄子""寄人"严格区分开来。但是承包关系是一种只要交纳契约规定的赋税即可的关系，因而从小规模的"百姓"到更大规模的"大名"，"负名"的实际状况千差万别。而正如"负名承包的田地达十余町，范围涵盖邻郡，拥有许多下人"所言，"大名""大名田堵"对土地实行领主式的经营，他们之中甚至出现了一些在相邻数国都拥有领地的极具势力之人。

"田堵"与"刀祢"　通过这种承包关系，即便是在律令制的行政机构解体的情况下，国司也能够向中央缴纳赋税。而反过来，在这一体制下各地的居住民担负了承包土地耕作的责任，作为补偿，居住民也从律令制下行政机构的支配和租庸调的负担中解脱出来。这样一来，普通的农民也拥有了自家住宅及其周边田地等小块土地，基于这种具有"自由农民"性质的一面，他们被称作"田堵"。田堵意指用"堵"（围墙）围起来的自家宅地或田地的土地所有权获得社会广泛认可（令人"安堵"）的人。前文提到九世纪的所谓"田刀"与此发音相同，但大约从十世纪末开始，"田刀"的写法就无一例及变成了"田堵"，这正是上述土地所有制形式逐渐普遍化的缘故。

不过田堵也并非拥有所有耕作土地的所有权。尽管田

第二章 桓武王统的再建与王统分裂（十世纪）

堵们可以将自家住宅周边的田地永久地私人占有，但对于此外的公有田地却只有暂时的权利，原则上只有一年或限于国司任期（四年）范围之内的承包耕作权，倘若"三年不耕"还会被没收。虽说班田收授制已不复存在，但耕地依然以这种形式被国家支配。这种状况的形成条件在于，原本田堵在耕作时所采用的就是"片荒农法"（"片荒"指休耕地），即在一块土地上连续耕作两三年后暂时休耕，换另一块土地。

而这些休耕地的使用、收益以及复耕都由地区与村落的集团进行管理。承担管理核心工作的是前文所述的"刀祢"，他们取代消亡的郡衙[1]等行政机构，支撑起了实际的土地制度（虽然当时的史料中尚可见到"郡司"的字眼，然而实际上已基本等同于刀祢）。尤其是在春耕开始之际的耕作契约、秋收纳贡之际的检田，以及"地头"（地之头，即土地边界）调查等工作中，刀祢都在国衙之下发挥着重要作用。前文中已提及，在九世纪既已存在一套系统，即由"田刀祢"担任田地使用及收益的公共管理和实际的

---

[1] 郡衙是指管理一郡事务的行政机构。日本古代采取"国郡里制"的三级地方行政区划体系，郡在国之下，属于第二级，其行政长官为郡司。

承包耕作两方面的工作，而上述"刀祢"的情况可以说是这一系统的进一步延展。

控诉国司苛政与百姓运动

这种"负名"的承包关系对于承包者而言，虽然自由，却也非全然有利。国司在履行一定额度的赋税上缴义务的同时，也被朝廷赋予了从中获取自身收益的权限，如此一来国司自然是希望加征赋税。另外律令制下征收的租庸调税目依然存在，由此，加在个人身上的赋税、杂役使得百姓疲于应付。这就是十世纪末以后在"受领"阶层贪得无厌强取豪夺的背景下出现的情形。而与此相对，郡司、刀祢等中间阶层以及"大名田堵"们也发出抗议之声，展开了针对国司苛政与"不善"的上诉运动。其主张的逻辑基础是：生活在国衙领有土地内的百姓是"德政""善政"的对象，身为天皇官吏的国司施行"苛政"是绝不容许的。这里所谓"百姓"是指一种身份，其中囊括了因参与诉讼运动而团结一致的广泛阶层。这一运动的蔓延仅史料中记载的就涉及十余国，百姓们以数百人的规模一同上京，聚集于大内"公门"①之外。

在针对国司苛政的上诉运动中，最著名的是十世纪末期尾张国②的郡司和百姓们集体向国司提出的诉讼。当时的尾张国国司是藤原元命，他出任之时正值花山天皇新制如火如荼地实施之际。问题在于，如系谱图13所示，元命是藤原惟成的叔父，作为花山天皇亲信的惟成是发布新制法令的核心人物，而元命还通过惟成与其岳父源满仲成了亲戚。以这层关系为后盾，元命在伴随新制而实施的收紧对地方支配力度的过程中大显身手。按照尾张国百姓们对元命的控诉，据说元命驱使无赖武士强行催缴赋税，"屠人肉则为身体之妆"③（切下耳朵等来装饰身体）。这些成为元命亲兵的武士之中，恐怕也不乏武家栋梁源满仲的党徒吧。但是前文提及的花山退位事件极大地改变了元命的地位。百姓的诉讼十分合乎中央政局的变动，他们对前天皇亲信的国司胡作非为的控诉，在希求新天皇一条实行"德政"的氛围下取得了成功。

---

①公门指君主进出的宫城城门。
②尾张国是律令制下设立的国名，属于东海道，位于现在爱知县西部。
③参见《尾张国郡司百姓等解文》。

这个时代，在圆融、冷泉两系的紧张关系下，双方的天皇竞相倡导"德政"来宣扬自身的正统性。各地郡司和百姓的申诉能够成功，这一政治条件不可或缺。同时还需要注意到，地方上的有权人士为了同国司对抗，争相设立具有皇室、摄关家背景的庄园。在这种情势下，正如后文将看到的，《延喜庄园整理令》发布后尚不足百年，十一世纪，庄园设立再次盛行。

第三章　王统的统一与藤原道长、后三条天皇

（十一世纪）

《枕草子绘词》中的三条天皇妃原子（中上）、一条天皇妃定子（左），以及她们的父亲藤原道隆（中下）、母亲高阶贵子（右）（据中央公论新社《日本绘卷》第十卷）

第三章 王统的统一与藤原道长、后三条天皇(十一世纪)

1. 王统分裂与摄关家

圆融"院政"和藤原兼家诸子

在花山天皇出家的第二天,圆融法皇①之子、藤原兼家的外孙一条继承了皇位,并于次月登基,年仅七岁。这一周密的安排再好不过地说明了花山的出家是圆融和兼家合谋的结果。曾被花山架空权力,对其大张旗鼓地推行新制只能作壁上观的圆融,无疑将花山的出家视作极大侥幸。现在圆融实行院政的条件已经完备。一条的摄政是其外祖父兼家,而藏人头则由藤原道兼出任,道兼因骗得花山出家的功绩而备受赏识,继而以二十六岁的弱冠之龄晋升参议。此外,藤原道隆、道长等兼家的其他诸子也都不

---
①退位后的天皇(上皇)出家,称为"法皇"。

断获得惊人的升迁。很明显在这一系列人事调整背后，圆融的意志发挥了很大的作用，掌握参议人事专断之权的兼家曾明言自己是得到了"法皇的指示"。

而且，皇太子是花山的异母弟三条，时年十一岁，其生母是兼家的女儿超子。由此，长年残酷的政治斗争终于结出了硕果，兼家的权势到达顶峰，两个外孙分别成为天皇和皇太子。也许有舆论批判他使用阴谋诡计将花山拉下皇位，但是对于兼家而言，可以说他是始终在为长寿的"狂王"冷泉及其皇子三条效力，这种忠诚大概也挽救了他的名声。

新天皇推行新制一般是在成人以后的二十岁左右开始的，但是一条从即位第二年直到元服，陆续颁布了各种新制的法令。而主导这一切的无疑就是圆融法皇和藤原兼家。他们为了宣扬新天皇的权威，回避舆论的批判，积极地开展所谓"德政"，以此与废帝花山施行的新制进行竞争。但是由于兼家（享年六十二岁）于九九〇年新制颁布后不久过世，圆融的院政很快遇挫，圆融（享年三十三岁）也在第二年去世，一条天皇新制的计划发生转变。

花山的出家和兼家、圆融的相继离世，从某一方面来说使得"安和之变"以来不祥的记忆成为过去。继承兼家的地位担任关白之职的是其长子藤原道隆（三十八岁），即所谓的"中关白"①。这一年一条天皇刚好十一岁元服，于是道隆将十五岁的长女定子送入宫中担任一条侍寝的女御，不久又将次女原子送到皇太子三条的身边。也就是说，道隆采取了与父亲兼家相同的做法，将自己两个女儿分别许配给圆融系的天皇和冷泉系的皇太子两方。而道隆年仅二十二岁的儿子伊周，则在三条与原子结婚那年破格晋升为正三位的内大臣。本章篇首的《枕草子绘词》正是体现道隆这一荣华富贵的极致。画中描绘了原子进入东宫约一个月后拜见定子的情景，而定子不用说就是清少纳言侍奉的女主人。从画中两姐妹和睦的样子，可以感受到她们对各自丈夫即天皇和皇太子之间良好关系的期待。这种场景或许可以说象征着从长期持续的政治斗争中解放出来的宫廷的和平局面。以年长的皇后定子为中心，形成了华丽的宫廷女官文化，正是在这种氛围中一条天皇度过了自己的青春时代。

---

①因藤原道隆为中宫定子之父，世人故又称其为"中关白"。

而实际上，在这一温馨场面的约五日之前，道隆似乎受到正值流行中的疫病的影响，身体状况急剧恶化，故而递上了辞去关白一职的辞表，局势由此再次骤变。这时构成王权核心的，是出自不同王统的一条天皇和三条皇太子。天皇十六岁，而皇太子二十岁。两人倒置的年龄关系，使局面较之"安和之变"以来的形势更加严峻。以摄关家为代表的贵族们围绕着天皇和皇太子，再次面临重蹈权力斗争覆辙的命运。

道隆之子藤原伊周以父亲生病为由，临时代行关白的职务。四月十日，道隆突然过世。伊周本来对正式继任关白充满了期待，然而不久后关白一职却落入了道隆的弟弟藤原道兼的手中。可是由于疫病流行之势迅猛，道兼也很快死于疫病（故被称为"七日关白"）。"与其如此，还不如当时追随花山天皇出家呢！"——对于道兼的结局，大概有人会如此感叹吧。

一条天皇与藤原道长的登场

在藤原道隆和道兼相继死后，一条天皇考虑到与定子的关系，一度决定任命藤原伊周为关白。不过最终经不住

第三章　王统的统一与藤原道长、后三条天皇（十一世纪）

母亲诠子的哭诉劝说，赋予了藤原道长"内览"（以公卿之首的身份应对天皇的咨询，行使关白的职务）之权。而促成此事的背景或许是诠子对定子周边奢华的宫廷氛围的反感。在前述《枕草子绘词》的场景发生前不久，据说一条天皇某日午后来到定子寝宫，两人在"帐台"（寝室）里一直待到傍晚。《枕草子》中甚至颇为得意地描写了当时的场景。这些做法到底还是有些过于旁若无人了。

如果仔细思考一下，"藤原道隆—道兼—道长"这一权力的推移，与十世纪的"藤原时平—忠平""藤原实赖—师辅"以及"藤原伊尹—兼通—兼家"的情况是一样的，即摄关家的嫡系又重新落入年幼的弟弟手中，可以说是一种"弟之法则"。当皇室内部出现问题时，摄关家往往会出现兄长因政治斗争而耗尽心力，最后由弟弟取而代之渔翁得利的情况。当然，如果定子能够生下皇子，藤原道隆的长子伊周作为定子的兄长还留有复权的可能性，但他却因为丢掉关白之位十分郁闷，于九九六年袭击花山法皇从而走上自我毁灭的道路——出家后的花山恣意享受着放荡的生活，与成为其出家诱因的女御忯子的妹妹暗通款曲。而伊周、隆家兄弟则与忯子的另一个妹妹往来频密，结果两人与花山不期而遇，当场发生争执并向花山射箭，杀害了花山身边的童子。藤原道长利用这一事件为口实将伊周赶下台，贬其为大宰权帅。而且当时伊周曾藏入妹妹定子的中宫御所意图逃走，使得定子也受到牵连，在这次骚动中被迫出家。

趁此机会，道长安排长女彰子入宫，将其送到一条天皇身边。彰子此时年仅十二岁。而已经二十岁的一条仍然无法割舍对于已出家的定子的爱恋之情，定子后来生下了皇子敦康亲王。然而不久后，再次怀孕生产的定子死于产褥上。于是，希望能够忘却青春记忆的一条天皇，开始接连颁布世代更替的新制，推行所谓"长保宽弘德政"，被世人评价为"好文贤皇"。

不过此后约十年间，彰子都未能生育子女，缺少了画龙点睛的一笔。在这种情况下，幼妻彰子悉心抚育定子的遗孤敦康，希望他将来能成为皇太子。当时，一部分朝臣悄悄议论：藤原伊周、定子的母亲，藤原道隆的妻子高阶贵子出身于高阶氏嫡系，其先祖乃是在原业平与伊势斋宫私通所生之子，因此具有高阶氏血统的敦康皇子没有资格

"参官"①,不适合继承皇位。侍奉彰子的高级女官紫式部在其执笔的《源氏物语》中,对这种"唯血统"的肤浅言论进行了批驳,试图尽可能从人性的角度去理解天皇和皇族的"好色",反映了彰子一方的"善意"。

当然,在这个时代的宫廷中善意能否发挥效力,又是另一个问题。后来身体发育成熟的彰子生了后一条、后朱雀两位皇子,不久随着一条天皇在三十二岁时过世,宫廷政治斗争的波澜又再次涌动。

三条天皇之死与小一条院辞去皇太子之位

一条天皇死于一〇一一年,接替他即位的是冷泉的次子三条。根据一条的遗愿,三条越过了年长的敦康皇子(生母为定子),而册立了四岁的后一条(生母为彰子)为皇太子。据说一条死前,彰子曾向父亲藤原道长推举敦康却被拒绝,彰子因此无法掩饰对父亲的怨恨。不过彰子的愿望实在是一条和道长都难以接受的。三条在一条长达二十五年的在位期间,长年被置于"与天皇年

---

①参官即参拜神社,此处是指参拜王室宗庙伊势神宫。

龄倒置的皇太子"地位,据说他甚至对一条患病表现出极大的欣喜。三条不仅是冷泉系的天皇,而且曾将藤原道隆之女、定子的妹妹原子纳入宫中。正因为有这一层关系,三条在道隆执政时期有着很强的影响力。也正因如此,道隆的儿子伊周和隆家两兄弟都成了三条的近臣。一般来说,谈及藤原道长执政时期的政治斗争,人们的关注点往往只在摄关家内部伊周和道长的斗争,以及后宫中定子和彰子的斗争。但是更为重要的其实是皇室内部的矛盾,即三条皇太子和一条天皇之间的关系。基于这样的背景,三条即位后希望册立定子所生的敦康皇子为皇太子也就理所当然了。在三条一方看来,抛弃了敦康皇子的一条可以说冷酷无情。伊周的弟弟隆家曾在一条死前与其有过面谈,隆家后来对此次会面述怀道:当听到一条说"无法立敦康为太子"时,真想对他说"你真不是人啊!"

经历了这些的三条即位后欲在政治上有所作为,他依照惯例开始致力于世代更替后新制的实施工作,但是藤原道长却对此采取了阳奉阴违的态度,没有提供协助。时常接受三条咨询的时任大纳言藤原实资在日记中批判道长的姿态是"以背王命为贤"[①]。当然,道长也不会对三条完全置之不理,他在一条去世前夕将次女妍子许配给了当时尚是皇太子的三条。道长也与藤原兼家、道隆一样,将女儿分别嫁入圆融、冷泉两系王统。

但是由此又产生了新的对立。三条即位后,册立妻子娍子为皇后——娍子是藤原道隆好友藤原济时之女(济时是"安和之变"中表现活跃的藤原师尹之子)。娍子与三条共同度过了皇太子时代,并且生下了小一条皇子,两人感情甚笃。但是藤原道长优先考虑的皇后人选原本是自己的女儿妍子,因此对于娍子的立后仪式非常露骨地故意刁难,这等于是在挑战娍子所生的小一条皇子的皇位继承权。此时恰好身体状况不佳的三条天皇对此非常震怒,说道:"道长的无礼令朕寝食难安,看到他如此嚣张,朕可不能就这么轻易地死了。"情势于是陷入胶着。

这种紧张局势随着妍子来到三条天皇身边后很快怀孕而暂时有所缓解。然而妍子生下的却是女儿(即祯子内亲王,后来的后朱雀天皇之妻)。倘若生下的是皇子,那么

---

① 参见《小右记》"长和二年(1013年)四月二十五日"条。

就会再次出现摄关家手握两系王统的皇子，形成两系王统交替继承皇位的局面，如此一来三条和道长之间的关系或许就能真正和解。但此时三条已无法再继续支撑下去，陷入"片目不见，片耳不闻"[①]的状态。结果三条仅仅只是确保了自己的儿子小一条继任皇太子，一〇一六年被迫让位于后一条天皇（九岁）后，于第二年过世。三条在退位之前写下了一首著名的和歌："不爱红尘误，偏得命苟延。今宵何所恋，夜半月中天。"[②] 这首和歌后来被收入《百人一首》。

三条死后，他所留下的皇太子小一条以获得前天皇的待遇为条件，自行让出了皇太子之位。接替小一条继任皇太子的，不出所料正是彰子所生的后朱雀，藤原道长的外孙。由此冷泉系王统被完全排除于皇位继承之外，从而结束了圆融、冷泉两系王统交替继承皇位的"迭立"状态。但是这种王统分裂的状态一旦消除，摄关家在分裂的王统之间脚踏两只船，通过居间调停、操控以获取权力的方式

---

①参见《小右记》"长和三年（1014年）三月一日"条。
②译文据刘德润译本（藤原定家编著，刘德润译《小仓百人一首》，新星出版社，2017年，第137页）。

也随之变得不再可行。

《大镜》的预言与藤原道长之死

担任九岁后一条天皇的摄政一职的,是其外祖父藤原道长。道长将女儿威子(相当于后一条的姨母,时年二十岁)嫁给后一条为妻。在为此举行的宴席上,道长吟咏了那首著名的望月和歌:"此世即吾世,如月满无缺。"① 如果这是道长特意针对三条的和歌而作的话,那他还真是相当敏感了。同年末,定子的遗孤敦康亲王过世,道长与藤原伊周之间的对立也成为往事。由此道长的权位达到了极致,而进一步锁定这一权位的,是三年后他又将女儿嬉子送进皇太子后朱雀的宫中。

后一条天皇即位后、成年前的大约十年间,道长处于未成年的天皇和皇太子的外祖父的地位。这在天皇制史上可以说是空前绝后的,道长成为近乎天皇般的存在,相当于"摄政王"或"执政王"。而道长的这种权势在后一条天皇十八岁成年的那一年,即一〇二五年(万寿二年)达

---

① 参见《小右记》"宽仁二年(1018年)十月十六日"条。

到了顶点。后一条从正月开始为即将施行的世代交替的新制做准备,在此期间皇太子后朱雀的皇妃嬉子怀孕的消息也得到了证实。道长的权势看上去坚如磐石。据说这一年为了装饰自己家族的宗寺法成寺,道长甚至拿走了象征王权的大内丰乐殿的鸱尾(屋顶装饰)。

贵族的长老藤原实资在日记《小右记》中将此事视为道长将皇居据为己有,又记载了次月道长扩大摄关家庄园一事,感慨道:"天下之地悉为一家领,公领无立锥地欤"①。但是与日记中的笔致相反,实资也和其他贵族一样,在现实中则采取了多一事不如少一事的态度。

与此相对,宫廷的周边事态确实开始发生变化。在平安时代具有代表性的历史物语《大镜》中,记载了在这一年四起的各种各样的"妖言"。在确切可靠的史料记录里也可以看到小一条院的侍从女官公开说梦见了道长的子女相继过世这类记载。而《大镜》原本也将自身设定为世继翁等长生不老的仙人所讲述的物语,他们当时是在参加这年稍早时候去世的三条天皇后娍子的七七法事"云林院菩

---

①参见《小右记》"万寿二年(1025年)七月十一日"条。

"提讲"的聚会。可以说《大镜》本身就是诞生于"妖言"世界中的作品,预言了当时怀有身孕的嬉子之死,以及道长的权力衰退和王统的发展变化等。

正如《大镜》所预言的,嬉子在生下后冷泉皇子后不久过世,后一条天皇身体状况恶化,被类似女性神经过敏的噩梦困扰,时常梦见"数千女子闯入宫中乱作一团"。而后一条的皇后威子虽然在第二年怀上了第一个孩子,生下的却是女儿。如此一来,后一条推行的新制刚一开始就失去了势头。

更为严重的是,"万寿二年",藤原道长诸子不和的流

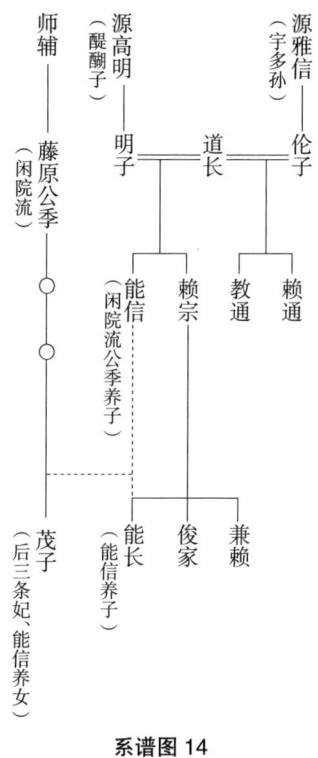

系谱图 14
道长的两位妻子及子嗣

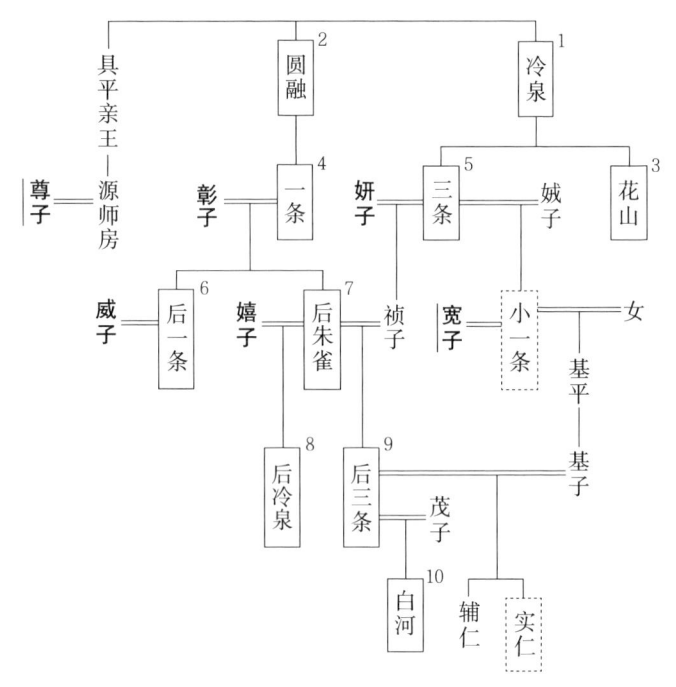

系谱图 15　冷泉、圆融两系王统"迭立"与藤原道长之女

▭旁的数字表示天皇世代；▭内为皇太子；黑体字为伦子所生道长之女，左边划线的为明子所生道长之女。

言开始在坊间传播。虽然可以说这是在摄关家的当家之主确立霸权以后不断重演的宿命，但如系谱图 14 所示，此次是发生在道长的两个妻子所生的儿子，即伦子所生的赖通、教通，明子所生的赖宗、能信之间。第二年（一〇二六年），赖通和能信二人发生了激烈争执。

其实像藤原道长这样由外戚掌权，在东亚地区绝非什么新鲜事。同时期的高丽王朝也是如此。但是正如系谱图15所示，道长的权力是依靠天皇家和摄关家之间复杂的世代近亲婚姻关系支撑的，即使从生物学角度来看这也是异乎寻常的。道长不仅将女儿嫁给了一条、三条、后一条、后朱雀两代四位天皇，甚至还包括了从皇太子之位引退的小一条。通过这种人为的"政治联姻"，将冷泉、圆融两系王统的代表人物全都拉拢成为自己的姻亲，由此道长作为王统的统一者获得了极大的权威。但是这种王统的统一以及皇室与摄关家的一体化，反过来使得皇家的内部矛盾直接投射到摄关家，由此在摄关家的内部掀起了巨浪，比如上述赖通和能信之间的激烈争执。

在藤原道长诸子中，代表圆融系王统嫡系的一条、后一条立场的是伦子所生的长子赖通，他担任了后一条的摄政。考虑到赖通长子的地位，这是理所当然的。而赖通还背负着与皇室之间的另一层关系：在一条和定子的遗孤敦康皇子被彰子悉心养育的时候，赖通作为敦康的儿时玩伴，

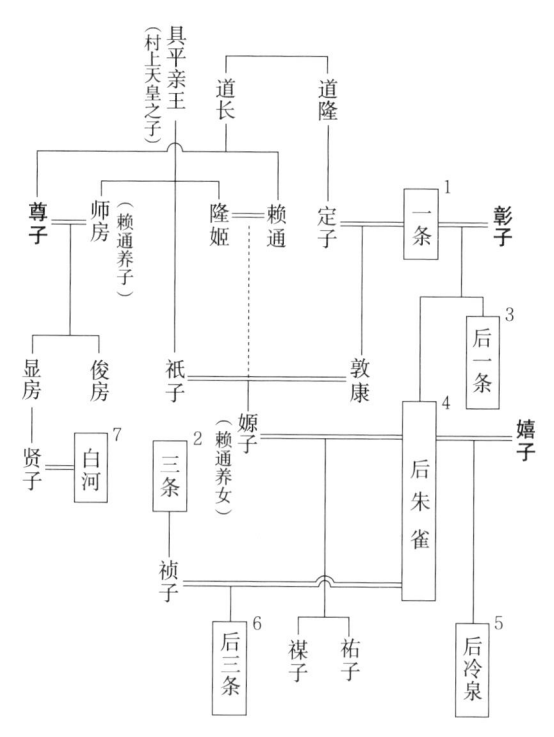

系谱图 16　后朱雀的妻子们与摄关家、村上源氏

黑体字为道长之女

二人关系亲密，而且如系谱图 16 所示，两人的妻子还是姐妹。这反映了赖通作为长子不得不接过一条和彰子的所有人际关系。

与赖通的情况相反，明子所生的赖宗、能信兄弟（参见系谱图14）则以担任皇太子后朱雀东宫大夫的赖宗为首，均与后朱雀关系密切。不过较之赖通，这对兄弟本来与三条、小一条的关系就很密切。比如说他们的同胞姐妹宽子嫁给了辞去皇太子之位的小一条，能信更是担任了小一条院别当[①]。另外，能信还曾作为中宫亮[②]侍奉嫁给三条的道长之女妍子，并由此成为三条和妍子两人所生的祯子内亲王的监护人。这些关系虽说是他们作为弟弟处于次要地位的结果，不过在日后却有着重要意义。

在摄关家即将分裂的预言中，一〇二七年藤原道长过世。距离走上权力之路的藤原道隆、道兼相继病逝的九九五年，已经过去了约三十年。正如前文所述，道长生命中的最后十年是可以称作"执政王"甚至令人误认为是天皇一般的存在。但是他权倾天下的时间大约只有十年，至多也不过二十年。由于道长独占了与几代天皇之间的门阀姻亲，他的下一辈要继续维持这种形态反而成为不可能。

[①]别当指总管府中事务的长官。
[②]中宫亮指管理中宫事务的次官。

2. 宫廷社会的成熟与院政的形成

后朱雀院与伊势神罚、大内烧毁

藤原道长死后，宫廷社会的关注点聚焦在后一条天皇能否生下皇子上。一〇三六年，后一条最终在没有子嗣的情况下过世。承继皇位的后朱雀天皇比后一条小一岁，当时二十八岁。后朱雀在皇太子的位置上已经等待了约二十年，无时无刻不在关注着后一条能否生下皇子。这段长期不安定的"皇太弟"期间的后半段，后朱雀娶了三条天皇和妍子所生的祯子内亲王为妻。祯子在后朱雀即位的两年前,即一〇三四年（长元七年）生下了后三条皇子（参见系谱图16）。分属冷泉、圆融两系王统的后朱雀天皇和祯子内亲王都是道长的外孙（女），后三条的血脉是在道长所创造的两系王统的统一条件下诞生的，这一点必须特别注意。后朱雀的长子是死于产褥的道长之女嬉子留下的后冷泉皇子，后朱雀即位后近一年半的时间里并没有确定皇太子的人选，他大概是对于失去母亲的后冷泉是否为皇太子的合适人选而犹豫不决。

如前文所述，后朱雀在皇太子时代的东宫大夫是道长的妻子明子所生的藤原赖宗。赖宗的同母胞弟能信则是后朱雀的妻子祯子的监护人，后朱雀即位后担任祯子宫中的长官（先任中宫大夫，后任皇后宫大夫）。于是"弟之法则"再次发挥作用，原本出身于旁系的后朱雀天皇和同样处于摄关家旁系地位的赖宗、能信兄弟联合起来。另一方面，对摄关家的嫡子藤原赖通来说，后一条天皇之死意味着极大的挫折。赖通为了挽回局面，将养女嫄子（敦康亲王之女）嫁入即位的后朱雀后宫（参见系谱图16）。前文已提及赖通和敦康亲王有着极为亲密的关系，另外这可能也是藤原道长的长女彰子（一条天皇之妻、后朱雀天皇之母）的强烈意愿，长寿的彰子此时拥有准太上皇的地位。

由于嫄子的入宫，祯子含恨退居能信的宅邸（闲院邸）。而如彰子、赖通所期待的，嫄子不到半年就怀孕了。

但是得知此事的后朱雀不待嫄子生下孩子，就决定册立恰好此时元服的后冷泉为皇太子，并任命自己曾经的东宫大夫赖宗担任东宫大夫。而嫄子最终生下的是女儿，第二年嫄子再次怀孕，但在再次生下女儿后死于产褥上。由此赖通寄望于皇位继承人的期待受挫，定子的血脉在王权中枢复活的可能性也完全消失。

就这样，即位之初就暗藏风暴的后朱雀开启了他的治世。后朱雀到底长期身处旁系，性格坚韧。在上述皇太子人选及嫄子之死等事件告一段落后，后朱雀发布了新制，其中包含确认天皇对国土支配权的《庄园整理令》，这是花山天皇以来的新制中所没有的内容。后朱雀是时隔好久才再次出现的欲在政治上奋发有为的天皇。

但是新制施行后不久，后朱雀治世的局面却一举恶化，皇妃嫄子之死是来自伊势神宫"神罚"的流言四处扩散。很明显，这与伊势神宫的高阶氏禁忌有关，从欲立嫄子的父亲敦康亲王为皇太子的问题开始，这种论调就一直延续。特别是恰逢此时台风毁坏了伊势神宫的外宫，神官们跑来集体上告，迫使后朱雀只得答应亲自行幸神宫。于是后朱雀连夜驾临清凉殿大庭，反复拜祭神宫的神灵，

九六〇年九月二十三日,大内为烈火包围之际,内侍所的神镜飞入左大臣藤原实赖的袖中。《橘直干申文绘卷》中描绘了这一场景(出光美术馆供图)

结果身体着凉,患了感冒和严重的腰痛,痛苦的呻吟声甚至连宫墙之外都能听到。

一〇四〇年九月九日夜,也就是腰痛暴发的四天后,大内被大火吞噬。上图描绘的是平安京建成以来大内第一次烧毁时的情景。当时是九六〇年,此图绘于事件发生的八十年后。传说当时内侍所的神镜也曾被大火波及,但神镜竟然保持着完整的圆形,自己飞上樱花树的枝头,然后又飞入左大臣藤原实赖的袖中。与此相反,神镜的主体部分却在这次火灾中完全融化掉,世人纷纷叹息这是末世来临的预兆。后朱雀的藏人头在日记中生动描绘了火灾后无家可归的后朱雀阴森森的模样。

目睹皇家宗社伊势神宫被毁坏、大内被烧毁以及神镜融化,后朱雀或许会对答应母亲和赖通的请求立嫄子为中宫一事感到后悔吧。四年半后,与兄长后一条一样,后朱雀饱受病魔侵扰全身浮肿,于一○四五年过世,享年三十七岁。

后冷泉天皇与天皇的颓废

继承后朱雀皇位的是后冷泉(二十一岁)。此时后冷泉还没有子嗣,皇太子是弟弟后三条(十二岁)。关于册立后三条为皇太子有一段逸事:去世之前病危中的后朱雀并未对继任的皇太子人选做出指示,赖通也没有特意言及,多亏前来谒见的能信进言"今日若不决定不知将来有何变故",于是立后三条为皇太子之事才得以确定。而担任后三条东宫大夫的正是能信。

后冷泉即位后不久,依照惯例于一○四五年发布了新制,即《庄园停止令》。但是正如本章末节要提到的,这

第三章　王统的统一与藤原道长、后三条天皇（十一世纪）

一法令实际上放宽了对设立庄园的限制，正式承认了"藤原道长—赖通"执政时期捐赠给以摄关家为首的贵族们的庄园的合法性。

后冷泉与其皇太子时代的妻子章子内亲王（后一条天皇之女）没有子女，他即位两年后迎娶的藤原教通（赖通之弟）的女儿欢子虽然怀孕，可是皇子却不幸胎死腹中。而赖通晚年好不容易得到的亲生女儿宽子[①]进宫侍奉后冷泉的时间较晚，也未能怀孕。此次宽子的不孕，对于赖通来说是第三次挫折，前两次分别是自己担任摄政的后一条天皇没有留下子嗣就早逝，以及养女嫄子和后朱雀天皇只生下女孩。

而且后冷泉没能生就一身强健的体魄，早在即位五年后向掌管地府的泰山府君祈求长命的咒愿文中，就讲述了他经常被鬼怪和噩梦侵扰的烦恼。两年后，后冷泉也同当年的后朱雀一样患病出现浮肿，为了用水管接冷水浇淋患部，把清凉殿的地板都拆了，从而引发骚动。担任后冷泉看护工作的，主要是曾经担任其东宫大夫的藤原赖宗的

[①]本书中有两个宽子，一为藤原道长之女、小一条院之妻，一为藤原道长之子赖通晚年的亲生女儿、后冷泉的皇后。——编者注

三个儿子，即兼赖、俊家和能长。此间，后冷泉荒于政事，使得身边亲信为所欲为。

历来一般将这类毫无气魄的天皇的登场归咎于摄关家的专权。但实际上摄关家的分裂反使天皇身边形成了亲信集团，这一点必须加以注意。同时，后冷泉与身边亲信喜好男色也是其腐朽的背景，这一点与后世的王权特质相关联，也颇为重要。比如藤原赖宗的幼子能长，在后冷泉患病前不久举行的五节舞姬仪式的夜晚，和朋友们一起抱着园城寺①的童男共寝，还让童男与五节舞姬的侍女们交合两晚。而与赖宗的次子俊家交好的后冷泉亲信源隆国（即《宇治大纳言物语》的作者），据说在服侍后冷泉穿衣时，常开玩笑说要"一探陛下的御玉茎"。赖通也以家中养有"带女人味"的男童而闻名。在这一时期的贵族中，喜好男色的风气开始盛行，而这种风气也波及了天皇。

结果，后冷泉在疾病缠身的状况下，持续在位长达二十四年。尽管在位时间如此之长，后冷泉却是平安时代最没存在感的天皇。后冷泉的治世，是在经历了冷泉、

---

①园城寺是位于滋贺县大津市的日本天台宗寺门派的总本山，创建于奈良时代末期，贞观元年（859年）由智证大师圆珍再兴，将其作为延历寺的别院。

第三章　王统的统一与藤原道长、后三条天皇（十一世纪）

圆融两系王统分裂的终结，以及藤原道长执政时期的短暂"和平"之后，王权积蓄了极盛与颓废的经验，到达一个重要转折点的时代。"山樱幽处见，彼此倍相亲。世上无知己，唯花解我心。"[1] 这首和歌是著名的修验者园城寺僧侣行尊（小一条院的儿子基平之子）所咏，被认为是哀悼后冷泉之死而闻名。

后三条天皇的登场与院政　　一〇六八年，异母兄长后冷泉死后，后三条天皇即位，时年三十五岁。后三条的母亲是祯子内亲王，三条天皇之女。正如北畠亲房《神皇正统记》所言，后三条继承了后朱雀和三条两方的血脉，可以说是名副其实地统一了冷泉、圆融两系王统。后三条是自宇多天皇以来时隔约一百七十年以后出现的外祖父并非出自摄关家的天皇。通常教科书中会说，随着后三条的即位，王权由门阀贵族操控的"摄关时代"终结。但是这似乎只是将后三条的登场看作单纯的皇族血统谱系上的偶然，而对其根本原因未予

---

[1] 本首和歌收录于《金叶和歌集》杂上、《百人一首》。译文据刘德润译本（藤原定家编著，刘德润译《小仓百人一首》，新星出版社，2017年，第133页）。

以说明。事实是，在小一条辞退皇太子之位之后，王统经由藤原道长达成了实际上的统一，因此，皇室内部才有了道长的外孙和外孙女（即后朱雀和祯子）的结婚，以及两人所生的后三条即位等后续诸事宜。

如前文所述，在后冷泉治世的末期，皇太子后三条继承皇位被视作确切无疑。东宫大夫藤原赖宗的三个儿子成为后冷泉的亲信，其中能长是后三条东宫大夫藤原能信的养子（参见系谱图14），在能信死后继任东宫大夫。相对于历任摄政、关白的摄关家嫡系，处于旁系的这一支则在这一时期独占了东宫大夫之职：赖宗曾任后朱雀、后冷泉的东宫大夫，能信和能长则先后担任后三条的东宫大夫。

做了充分准备的后三条在即位后接连不断地发布新制的法令，继而为了显示自己的权威，立即开始着手重建被烧毁的大内。对于后三条来说，重建大内大概是为了弥补父亲后朱雀的遗憾吧。著名的《延久庄园整理令》（一○六九年）的发布主要就是为了重建大内而向全国征税，宣示了王权对国土的支配权。

后三条主要有两位妻子。最初的妻子是出身闲院流

第三章　王统的统一与藤原道长、后三条天皇（十一世纪）

藤原氏的藤原茂子，是即位一年后立为皇太子的长子白河（十七岁）之母。闲院流藤原氏是始于藤原师辅和村上天皇的胞姐康子内亲王所生的藤原公季家族。由于这一血统，公季从小与村上天皇的子女们一起成长，其中就包括后来的冷泉、圆融两位天皇，可以说公季拥有半个皇族身份，家世显赫。而后三条即位时的功臣藤原能信是公季的养子，因为这层关系，能信成为公季曾孙女茂子的养父，将茂子嫁给了后三条。但是问题在于，由于茂子在生下白河皇子之后早逝，后三条即位后又另娶了小一条院的孙女基子为妻，并对其宠爱有加（参见系谱图15）。在此事上，后三条的母亲、相当于基子姑祖母的祯子的意向似乎发挥了作用。而一〇七一年基子在周围盛传"恐怕会生下将来成为天皇的皇子"的流言中，生下皇子实仁。

见此情形，后三条考虑让实仁取代现任皇太子白河，将来继承皇位。后三条素来以继承冷泉、圆融两系血统的王统统一者自居。对他而言，让拥有"三条—小一条"血脉且与母亲祯子关系深厚的实仁继承皇位，可以说是再自然不过的了。后三条因急于让实仁坐上皇太子之位，甚至决定退位。于是一〇七二年末,后三条退位,白河天皇即位,同时册立两岁的实仁为皇太子。后三条则在退位后实行"院政",希望以此来守护实仁的成长。实仁的东宫傅①由源师房担任——源师房娶了藤原道长的女儿尊子为妻,与藤原赖通的妻子隆姬是兄妹(参见系谱图 16),在贵族中居于关键地位。而实仁的东宫大夫则由后三条院政官署的最高长官藤原能信的养子能长担任。

尤为重要的是,源师房的长子源俊房的妻子是实仁母亲基子的姐妹,由于这层关系,源俊房成为实仁派的核心人物。而且,在后三条退位的第二个月,基子又生下辅仁皇子。于是,就形成了一种王统将来要传给小一条院孙女基子所生皇子的政治氛围。

白河院政的开始与皇太子实仁

但是事与愿违,后三条在退位后的第二年因"饮水病"(糖尿病)过世,院政再次遭遇挫折。而成为下一代王权主人的是白河,即位时二十岁,其即位第三年藤原赖

---

①东宫傅是律令制下负责掌管皇太子教育事务的官职。

通和彰子也先后过世，彻底地改朝换代了。但是在即位之初，由于后三条指定的下一任天皇、异母弟实仁皇太子的关系，白河的王权并不稳固。虽然在即位三年后的一〇七五年发布了标志世代更替的新制法令《庄园整理令》，但是除此以外其他法令几乎没有留下记载，白河的新制就草草收场了。

不过幸运的是，一〇八二年兼任后三条院政机关的最高长官以及实仁东宫大夫的藤原能长去世，三年后皇太子实仁也因患天花过世。尽管后三条在世时曾有意让实仁的胞弟辅仁在实仁之后继任皇太子，但是白河抓住这个机会欲确立自己的王统。在实仁去世的第二年，三十四岁的白河将皇位让给儿子堀河天皇，自己则开始了院政统治。

所谓院政，是指具有家长地位的上皇操控天皇执政的专制王权体制。其本质即在位的天皇为了早日让直系子孙即位而主动退位。在院政体制下，王权总体上处于"院"（家长）的掌控之下。因此与从前相比，天皇即位后发布新制就只剩下形式上的意义，而且既然存在着父皇，"摄政""关白"职务的意义也就成为次要的了。另外在这种体制下，"摄关时代"经常出现的因天皇与皇太子是兄弟关系而导致王权分裂的危机就成了罕有的例外。说到底，院政时期因受让皇位而即位的天皇一般都很年幼，待到他们成年以后自己也就退位了。

皇太子因将来要即位而承受着沉重的精神压力，但在院政时期皇太子的身份本身就是一种例外。例如从堀河天皇即位到册立儿子鸟羽为皇太子的长达十八年间，皇太子之位始终空悬。如此一来，构成王权中枢的不再是"天皇—皇太子"，而是直系父子的"院—天皇"。而在这种结构中，天皇必定年幼，可以说是被"皇太子化"了。于是不可否认的是，至少在制度层面，王权体制的稳定性得到了增强。

无论如何，自平安时代初期开始历代天皇所追求的院政（直系王统）的确立，终于由白河天皇实现了。但是正因如此，父亲后三条天皇生前指定由小一条院系的基子血脉的皇子（实仁、辅仁）继承皇位一事，对于白河来说就成了一个充满自卑感的重大心结。似乎是要与父亲重视的小一条院系的实仁、辅仁皇子之母基子的血脉相对抗，白河首先强调了自己母亲藤原茂子血脉（即闲院流藤原氏血脉）的尊贵性，让继承皇位的堀河娶了母亲茂子的侄女苡子。镰仓时代初期天台座主慈圆所撰的《愚管抄》基于摄关家的立场对平安时代的历史"道理"进行了阐述，其中指出：白河的这一做法正是国母（天皇母亲）的娘家由摄关家一系转到闲院家一系的原因所在。

接着，白河对自己最初的妻子贤子（堀河的母亲）的血脉也非常坚持。如系谱图16所示，贤子是前文提及的源师房之子、源俊房之弟源显房的女儿。两人的婚姻是由藤原赖通促成的。赖通与即位前的后三条关系不睦，于是他借助与源师房的关系，让贤子做了自己儿子师实的养女，然后恳请后三条同意了联姻。据说在贤子病危之际，白河坚决不同意将她送出大内，在贤子死后还抱着她的尸身不肯起来，面对大臣"从无天皇接触死者不洁尸体的先例"的指责，白河强硬地回答"那就由朕来开创"。

如前文所述，由于闲院流藤原氏是以藤原师辅和村上天皇的姐姐康子内亲王所生的藤原公季为始祖的家系，而贤子则是出身于村上源氏的嫡系，因此无论强调上述哪一方，都说明了白河非常重视天皇母系家世中的村上天皇血统。而在贤子死后，白河除了与贤子的妹妹师子发生关系之外，没有再允许其他上层贵族的女儿入宫。可以说对于决定自己王统的下一代天皇的母系家世，白河将其限定为必须具有村上天皇血统。一〇九六年贤子的女儿、传说继承了母亲美貌的媞子过世，深受打击的白河出家了。

早年丧母、皇位的正统性不被父亲认可、抱着过世的妻子不肯起身、因女儿过世而出家——这就是白河天皇（上皇）。不过失去了正式的妻子也有好处，祇园女御是白河有名的宠姬，白河先是构陷其丈夫将他流放，然后以祇园女御为中心，将身边亲近的女官组建成了闺阁的妻妾群。在这种放荡的生活中，白河私生子的数量据说连他自己都公开说"记不清"了。

白河的荒淫行为给贵族社会带来了极大的震撼，进而发展成为对白河天皇的资质产生怀疑。而白河出家后不久，堀河天皇在尚无子嗣的情况下重病，以此为契机，对白河的质疑得以公开化。如果堀河去世，白河的王统就会一举陷入危机，此时期待辅仁皇子即位的舆论遍布天下。这种舆论的形成，不用说背后肯定有与辅仁关系密切的左大臣源俊房等贵族的推波助澜。尤其值得注意的是，在源俊房身边的亲信中有武家源氏的首领源义家，他被源俊房委以随身护卫的全责，而且还将自己的女儿献给实仁，在实仁、辅仁一系的周围广结人脉。

3. 入宋僧与地方社会

奝然的入宋与藏人所的黄金

在十世纪中国"五代十国"的内乱中取得最终胜利的是九六〇年建国的宋王朝。但是北方的诸民族依然势力强大，辽国（契丹）完全占据了万里长城以南的幽云十六州，新兴的宋朝在强盛期也未能夺回这些地区。接着在辽国东北边疆的森林地带女真族（后来的金国）崛起，到十一世纪后半叶已积蓄了相当的实力。

在这种形势下，日本开始重新审视自己的国际地位。"安和之变"以后的不安定局面一结束，九八三年，得到圆融天皇敕准、藤原兼家支持，东大寺出身的天台宗僧侣奝然出发入宋。游历了天台山和五台山之后，奝然谒见了宋太宗，在介绍了黄金等日本特产的同时，献上了《王年代记》。听说日本的天皇是"一姓传继",宋太宗颇为感慨。

奝然入宋,除了观察了解宋朝的实际情况,同时也有为朝廷今后的外交关系探路的意思。不久奝然回国,带回了清凉寺的释迦像和宋版《一切经》[①]等,这使当时日本国内净土宗勃兴的宗教氛围愈加浓厚。而源信托付宋朝商人将其撰写的《往生要集》送往中国也正好是在这一时期。日宋交流以经常往来于两国间的宋朝商人为媒介,借助佛教这一桥梁得以迅速发展。

虽然未曾与宋商会面,但将宋朝商人进献的"唐物"呈于天皇御览的仪式是从这时开始的,宫廷生活被大量的"唐物"所装点。这些"唐物"的输入是以陆奥的黄金等价交换而来,这也成为奈良时代以来"日本黄金传说"在东亚地区广为流传的前提。收缴陆奥黄金以及向宋朝商人支付等价金是藏人所官员的职责,因此可以说陆奥的黄金是朝廷外交的物质基础。有鉴于此,控制陆奥对于朝廷来说就有着不可忽视的重要意义。另外还有一点需要注意,

---

[①]《一切经》,佛教经书的统称,又叫《大藏经》。

《新猿乐记》[①]中列出了当时的主要输出品有"真珠、水银、鹫羽"等。观察当时与宋朝商人之间贸易的实际情况，伊势[②]出产的水银和珍珠尤其具有重要价值，于是藏人所将水银矿山置于直接管理之下，并对伊势实行了特别的管理体制。《今昔物语集》里记载有经营伊势水银的京都富商的故事，其经营范围无疑也涵盖对外贸易领域。朝廷所从事的对外贸易也与这些商业活动深度地交织在一起。

负责接洽宋朝商人以及作为外交关系的最大窗口，承担辅佐朝廷职责的，是继藤原兼家之后掌握权势的藤原道长。值得注意的是，道长是惠心僧都源信的弟子，他直到临死前都与一〇〇三年入宋的寂昭上人保持着长期的书信往来。在此期间，道长在写给中国天台山的书信中开始署名为"日本国左大臣"，这表明道长向宋朝主张自己乃"辅弼朝廷的执政大臣"。一〇一二年，抵达宋朝的日本国使曾以"在东海之上可以见到中华帝国出现圣明天子时所

[①]猿乐是日本古代到中世流行的一种表演艺术。受中国唐代散乐影响，以滑稽的口技或动作表演为主，后发展成能、狂言。《新猿乐记》是平安时代末期的随笔，由藤原明衡（989？—1066）用汉文撰写，是记录当时社会生活的重要史料。
[②]伊势是律令制下设立的藩国名，属于东海道，位于现在三重县东部。

显现的祥光"来赞美宋帝国。这些历史传说反映了当时日宋关系的实际情况,值得重视。

平安朝一边基于实际利益的考量与中国交好,一边依然与朝鲜半岛保持敌对,这与遣唐使时代的国际观完全相同。例如,一〇一九年沿海州女真族的一支刀伊部落袭击朝鲜半岛,进而又侵袭北九州。这次事件令平安朝首次实际感受到东亚局势的动荡。当时的朝廷怀疑此次刀伊来袭是与"原敌国"高丽的合谋,甚至对送还被刀伊掳走住民的高丽使者也疑神疑鬼。当然,就像此时对马岛的住民为寻回被刀伊掳走的妻儿不惜违反"渡海制"(渡航的限制令)前往朝鲜所显示的,对马等岛屿并未受国境的限制,甚至可以说呈现出一种同时隶属朝鲜和日本的状况,这种现象很早就存在,而且越来越明显。但是正如后来所展现的那样,不能简单地认为这种"脱国境性"必然包含着友好的姿态。

成寻入宋与"摄关家外交"的挫折

藤原道长在对外关系中扮演的角色,后来被儿子赖通所继承。一〇三二年,正在宋朝访问的寂昭上人来信,赖通代替道长写了回信。但是正如前文所述，赖通此时尚未确立足够的权威，在对外姿态上一直颇为消极。直到赖通晚年跟朝廷之间的关系发生了变化，状况才有所改变。

一〇六六年，后冷泉的健康状况恶化，大概是以此为契机，宋朝商人进献了"种种灵药"。长期担任赖宗"护持僧"的天台宗大云寺①座主成寻曾为后冷泉祈祷，他在此时下定了入宋的决心。如系谱图17所示，成寻是时常陪同后冷泉寻欢作乐的亲信源隆国的外甥，也是当时与延历寺有着激烈纷争的天台宗园城寺系的人物。可

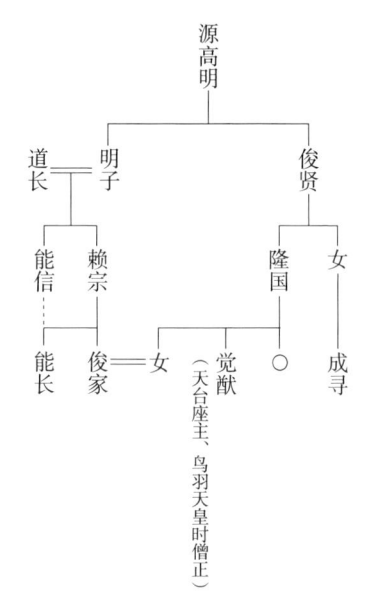

系谱图17 成寻与后冷泉的亲信们

---

①大云寺是位于京都市左京区岩仓的日本天台宗寺门派的寺院，天禄二年（971年）由圆融天皇敕命修建。

是在后冷泉病重的同时，赖通也病倒了，成寻因为要为赖通的康复祈祷，一时无法出行。在此期间后冷泉过世，成寻以前往五台山巡礼、为后冷泉祈祷冥福的名义，终于得以入宋。成寻从后冷泉之妻、皇太后宽子（赖通之女）那里获得了后冷泉亲笔抄写的佛经，准备将其供奉于五台山。

但是，当一〇七〇年正月成寻做好出行准备向朝廷递交渡宋申请时，却未能获得后三条天皇的敕准。两年后，成寻不顾阻挠强行入宋。为先帝做法事祈冥福的使者居然在未经当今天皇许可的情况下私自入宋，这一异常事态无外乎和即位前后的后三条与成寻的支持者赖通之间的恶劣关系有关。

当时宋朝正值神宗皇帝的治世初期，正好是任用著名的王安石而使国力走向最强盛的时期。顺利完成五台山巡礼的成寻获得了神宗的接见，神宗交给他一封希望两国缔结邦交的书信，一〇七三年，这封书信由成寻的弟子们带回日本。神宗在对外关系方面态度积极，在成寻到来前不久刚派遣使者前往高丽，两国恢复了邦交。此前，高丽长期臣服于辽国，与宋朝国交断绝，神宗为了对抗辽国，舍弃虚名而重视与高丽发展关系。相较之下，与日本建立邦交缺乏紧迫性，这一点不可否认。而日本在收到书信时，后三条天皇已过世，藤原赖通也处于弥留之际。在当时这种微妙的政治形势下，对于这封由"先帝法事"的使者成寻送回的宋朝神宗皇帝的书信，平安朝上下不可能达成一致意见，因此仅仅只是用礼仪性的公文进行回复也就是理所当然的了，而且答礼的公文甚至迟至一〇七七年才发出。

如此一来，成寻就被完全断了退路。而此时宋朝正好举行祈雨仪式，成寻因为在仪式中展示了法力而获得了宋朝皇帝的信任。未能如愿回国的成寻最终客死于宋朝。就这样，由摄关家辅佐、代行的外交体制瓦解。

地方领主和随从、下人

十一世纪的地方社会处于真正的中世到来的前夜。反映这一时代转换的，是藤原道长死后第二年，即一〇二八年发生在东国地区的"平忠常之乱"。平忠常是地方上非常有势力的武士，拥有摄关家的"侍"的身份。这次叛乱始于平忠常烧死了安房①的国司，远离都城的东

---
①安房是律令制下设立的国名，属于东海道，位于现在千叶县南部。

国荒蛮之地的国司与地方的矛盾到达极点，终于爆发了，规模之大波及整个房总地区[1]。九世纪末以来，地方反抗国司苛政的运动持续不断，末期以后暴力化倾向越来越明显。例如武装袭击国司在京城中的宅院，濑户内海地区的著名海盗参与诉讼运动并成为核心人物等。而国司方面也以武力与之对抗，使得反抗国司苛政的上诉运动势头逐渐减弱。

但是运动的影响依然巨大。大约从十一世纪中叶开始，律令制下的租庸调税目基本消失，取而代之的是国衙领有土地的年贡，大体上按照每一反[2]田地交三斗大米的标准缴纳。这样一来，由国司负责的各种人力的杂事和赋役的征收权受到限制。而这种体制变化的焦点是，上诉运动展示了大名田堵、郡司刀祢等具有地方领主性质的中间阶层的实力和动向。

如前文所述，这些中间阶层一方面向朝廷上诉国司的苛政，另一方面又在地方上为以摄关家为首的中央皇室贵

---

[1]房总地区是安房国、上总国（律令制下设立的藩国名，属于东海道，位于现在千叶县中部）、下总国（律令制下设立的藩国名，属于东海道，包括现在的千叶县北部和茨城县南部等）的总称。
[2]反是面积单位，1反约相当于1000平方米。

族设置庄园。到了十一世纪中叶，他们成为国司衙门的官吏，协助国司管理地方事务。与此同时，他们又保证了自己的领地，将其归入称作"别符""别名"的特别区域，而且还经常把自己的领地献给中央贵族。而国家层面也于一〇四五年，以后冷泉天皇的新制为契机改变了方针，放松了对设立庄园的限制。历来国内庄园原则上仅限于经由《延喜庄园整理令》认可的庄园，但是在后冷泉天皇的新制中，对于在各地前任国司任期结束以前新设立的庄园均作为既成事实予以追认。于是，即使没有中央官署颁发的公文凭证，凡新制以前设立的庄园，其来历都获得了官方认可。

在国衙和庄园双方构成的新体制中，地方领主们被称为"国内名士""高家"等，社会名望得以确立。在新体制中最早崭露头角的是伊贺国[①]领主藤原实远的经营活动。实远的父亲藤原清廉曾任职于京都大藏省[②]，同时又是在山城、大和[③]、伊贺三国拥有大量田产的"大名田堵"。因

---

①伊贺国是律令制下设立的国名，属于东海道，位于现在三重县西部。
②大藏省是律令制下中央官署的八省之一，掌管国家的税收、度量衡、市场价格等。
③大和是律令制下设立的国名，属于五畿之一，即现在的奈良县。

第三章　王统的统一与藤原道长、后三条天皇（十一世纪）

为清廉不缴纳年贡，国司故意唆使猫去撕咬讨厌猫的清廉，逼迫他写下支取大米的命令书（即所谓"下文"）发送给其名下的米仓。这则故事展现了领主控制力的发达程度——靠着一份署名的命令书就能发号施令（参见《今昔物语集》卷二十八）。继承了这些遗产的实远定居伊贺国，以其居所为中心在各地经营"佃"（直营土地），将土地上的住民变为自己的随从，令其从事耕种，于是实远被称为"国之猛者"。由此不难看出，从大名田堵中诞生了雇用大量随从的地方名门望族。而且重要的是，实远不仅仅是"国内名士"，还是被称为"国之猛者"的具有武士性质的人。从这里可以看到后来效命于镰仓幕府的武士领主之所以被称为"开发领主"的缘起。

著名的《今昔物语集》中的"芋粥"故事，描绘了随从和下人们聚集在领主的居所周围，侍奉领主的情景。故事中，越前国①的领主、镇守府将军藤原利仁欲准备盛宴招待客人，他的家丁站在屋边"发号施令的山岗"上喊道："住在附近的下人们听着，明天早晨拿大山芋来！"次日

---

①越前国是律令制下设立的藩国名，属于北陆道，位于现在福井县北部。

早晨，客人们就看到庭院里堆满了山芋，不禁感叹："仅仅是听到命令的下人就有这么多，若是算上那些住得稍远点儿的，下人的总数得有多少啊！"这些对主人存在着很强的从属性的下人，就其社会属性来说并不是"奴隶"，或许将其称为"农奴"更加合适。他们虽然在领主家以外从事自主经营，但是却不能拒绝任何赋役和杂物的提供。

庄园和"寄人"[①]　　十一世纪再次扩大的各地庄园的住民被称为"庄民""庄住人"等，与此相对，国衙领有土地的农民则被称为"平民百姓"。当然庄园也并非"私地"，而是在国家承认的基础上，向中央的皇室贵族、官府神社等交纳年贡，但其明显动摇了历来以国衙为中心的国家支配土地的体制框架。

与九世纪初期的庄园一样，这些庄园不仅限于农业，也引领着各种社会分工以及以各地特产为原料的工商业的发展。当然，以水田的年贡租税为核心财政来源的国家，对这种动向保持着警惕。例如，和泉国[②]的百姓们分布于

---
①寄人指依附于庄园生活之人。
②和泉国是律令制下设立的国名，属于五畿之一，位于现在大阪府南部。

海边以"御厨"（渔业庄园）为中心的庄园，从事渔业和水运业等，回避耕作官田。针对这一动向，在三条天皇即位后的第二年（一〇一二年），作为新制的一环，和泉国的国司以"为革新国家，恢复纯朴古风，当以劝农为先"，命令大小田堵重新开发荒废的田地。所谓"劝农"，简而言之就是确保水田丰收，是一种基于以水田为中心的"农本主义"的思维方式。

但是住民并未遵守国司的这些命令。不久，一〇四〇年，和泉国的百姓们拦住前往京都北部神社参拜的后朱雀天皇和关白藤原赖通的仪仗，大声控诉国司的苛政。在这次事件的两三年后，他们又针对国司不顾连年干旱、饥荒的灾情强行征缴建设大内所用的木材一事提出上诉。无论国司如何进行农本主义的宣教，如果耕作官田的年贡负担过重，即使直接向天皇和关白申诉也无济于事，百姓们回避耕作官田也就很自然了。这些不断增加的庄园"寄人"，通过缴纳地域特产，开拓了新的产业和职业。到了一〇五〇年左右，和泉国的国衙有在职官吏和文书人员近三百人、庄园和御厨四十五所，所属的"寄人"和"神人"（效力于神社的寄人）高达一千六百人，且呈现出继续增加的趋势。

庄园和御厨的寄人们从事海产、木材、油、绢布、木器等各种生产活动,他们不仅将这些作为年贡上交,还利用寄人的特权进入商业活动领域。以这些特产交易为中心,各地的交通要地都设立了市场,地方城镇逐渐出现。除开国衙所在的都市,这种具有都市性质的交换经济规模都还较小,但是慢慢地如鱼网般开始覆盖全国。而正如众所周知的"稻秸富翁"故事①中所描述的,稻秸交换成绢布后,绢布就具备了货币的功能。在这些地方城镇,绢和麻布(或者大米本身)都可以作为货币流通。一般认为,在十世纪中叶"皇朝十二钱"②的铸造停止以后,交换经济的方式便已不再进行。的确,九世纪以后由于国家滥发粗劣的货币引发通货膨胀,钱币流通受阻。国家采取强制钱币流通的政策是为了追求铸造钱币所获的利益,放弃这一政策停

---

①故事大意为:从前有个男人无论怎么努力劳作都很贫穷,于是他向菩萨祈求帮助。菩萨让他出门,跌倒见到什么就抓着往西走。他跌倒后抓了一根稻草,随后用稻草与别人交换得到了橘子,依次交换下去,最后变成了富翁。
②"皇朝十二钱"是奈良、平安时代日本仿造唐代"开元通宝"铸造的十二种圆形方孔样式的钱币的总称。始于708年铸造的"和铜开珎",终于958年铸造的"乾元大宝"。

止钱币的铸造对交换经济产生了积极影响。

综上所述,在平安时代的地方社会中,出现了领主、下人以及国衙领有土地上的平民百姓、庄园的庄民(被赋予特权身份的寄人)等各式各样的社会身份,这些身份与下一个时代密切相关。

武士与地方社会 在这种地方社会中,武家的首领(军事贵族)在国家中的地位不断上升。直到十世纪,国家的统一性还可以通过国司制度来保障,但十一世纪中叶以后,国家的统一就需要依靠军事力量来维持,这使得武家的首领遍布于全国的国衙、庄园领主之中。

前文提及的"平忠常之乱",就超出了房总地区国司和朝廷最初派遣的追讨使的应对能力范围。这次叛乱最终依靠源赖信才得以平定。源赖信是武家源氏的首领,平忠常曾是他的侍从。源赖信前往关东,以家族存续和保住子女性命作为交换条件成功说服平忠常投降。如前文所示,最大的武家首领源满仲一门在与王权的关系方面,原本就与冷泉系的王统合作,这对于提升军事贵族在国家中的地位具有重大意义。源赖信是以侍奉冷泉院而崭露头角的,他的儿子源赖义作为冷泉系最后一位皇太子小一条院的心腹,强化了小一条院潜在的权威。而源赖义也因在小一条院官署效力的功绩而被任命为相模守[①],由此确保了武家源氏在东国地区扩展势力的据点——相模国的镰仓。

后三条天皇的即位,对于长期侍奉冷泉系皇族的武家源氏而言,意味着政治春天的到来。值得注意的是,这一时期后三条派遣敕使参加源氏在石清水八幡宫[②]举行的祭祀氏族神的放生法会,提升了源氏在国家中的地位。这种地位的提升与源赖义在京都六条、河内壶井[③]、镰仓等地所营建的八幡宫的权威提升形成了联动,由此源赖义及其子八幡太郎源义家拥有了号称"侍奉王权"的最高军事贵族地位。

一〇五一年小一条院过世后,源赖义受命镇压这一年

---

①相模守是相模国的地方长官。相模国是律令制下设立的国名,属于东海道,地域包括现在的神奈川县大部分。
②石清水八幡宫是位于京都府八幡市的神社,贞观元年(859年)由奈良大安寺僧侣行教奏请建立,与伊势神宫、贺茂神社并称为"三社"。
③河内壶井是河内国(律令制下设立的国名,属于五畿之一,位于现在的大阪东南部)的地名,建有壶井八幡宫。

第三章　王统的统一与藤原道长、后三条天皇（十一世纪）

发生于陆奥的阿伊奴族俘虏首领安倍氏的叛乱。安倍氏激烈抵抗，战争陷入泥沼。不过在后三条即位前夕，源赖义、源义家父子得到出羽①的阿伊奴族族长清原氏的援助，终于取得战争（前九年合战）的最后胜利，从而在东国地区完全确立了源氏的权威。在此基础上，进入后三条时期以后，一〇七〇年，朝廷又断然对奥羽北部和北海道等阿伊奴族本来的居住地发动战争（延久二年北奥合战）。源义家迟早会加入到这些征战，在朝廷介入清原氏内部纷争的后三年合战②中，源义家运用从后三条的亲信儒者大江匡房那儿学来的兵法知识识破了敌方伏兵。这个著名的故事反映了当时的时代状况。

在实仁、辅仁必然会继承后三条王统的氛围中，源义家向实仁献上了女儿，从而确保了实仁亲信的地位。而实仁死后，白河开始实行院政，在这种情况下源义家自然被疏远，他屡经苦战终获胜利的后三年合战也被朝廷认定为

---

①出羽是律令制下设立的国名，属于东山道，包括现在的山形县和秋田县大部分。
②后三年合战指永保三年（1083年）至宽治元年（1087年）期间发生于奥羽地区的战乱。起因是当地豪族清原氏的内乱，后来陆奥守源义家以武力介入得以平定。

"私战"①，不能获得任何恩赏。但是义家作为武家首领依然有着很高的声望，后三年合战结束后不久，义家在京都发动战争，各地国司的兵士纷纷前来投奔，作为家臣聚集在他身边，各地庄园也向他捐赠了大量物资。如此一来，与后来的平氏政权和镰仓幕府一样，武家的首领将自己的家臣关系网扩大至全国。

---

① "私战"指未获朝廷授权而私自进行的战争。

第四章 院政与内乱的时代（十二世纪）

《平治物语绘词》中的藤原信赖（左）和藤原成亲（右）（东京国立博物馆供图）

1. 白河院——"不义"之王权

后三条"作祟"与堀河之死、鸟羽即位

堀河天皇恢复健康顺利成年后,于一〇九九年发布了作为世代交替新制的《庄园整理令》,由此期待辅仁即位的舆论暂时平息。一一〇三年鸟羽皇子出生,同年被册立为皇太子。在白河法皇的专权统治之下,儿子堀河成为天皇,孙子鸟羽成为皇太子,开了完全独占王统的先例。对此白河法皇欣喜不已。不过,由于苡子在生下鸟羽后死于产褥上,就连白河也不得不暂时将辅仁的事情放到一边,对于册立刚出生的鸟羽为皇太子,他似乎觉得非常愧疚。于是白河对着后三条天皇的陵墓,就自己无视其遗志的行为请罪道歉,并且称鸟羽是"圣灵(后三条)嫡曾孙",请求庇佑。

在这个过程中，白河在皇位继承问题上违背了后三条本来意愿的闲言碎语被传开。从一一〇〇年左右开始，堀河的体弱多病与后三条的怨灵作祟有关等流言就四处传布。据说最初公开这一流言的是笃子内亲王（后三条皇女、阳明门院祯子内亲王养女）的女官，她声称得到了神谕。一一〇七年，二十九岁的堀河病情陷入危笃状态。白河自己也相信怨灵作祟的说法，这点从他向后三条陵祈求一事就可以明显地看出来。据说堀河临终前发出"至少在我痛苦的时候不要现身吧"的哀求，令人将存放象征天皇地位的八坂琼曲玉[①]的"印箱"放在了胸口。大概堀河希望借助八坂琼曲玉的灵力从后三条的怨灵作祟中解脱出来吧。

在这种恐惧心理的驱使下，堀河未能来得及举行让位仪式就过世了，于是就发生了皇太子鸟羽根据太上皇白河的诏命即位这一异常事态。鸟羽此时年仅五岁，白河突然要肩负起将失去父亲的鸟羽培养成王统继承人的重任。最初的考验是摄政职务的人事任命，这是必需设置，候选者是鸟羽母亲苡子的兄长、闲院流藤原氏家主、鸟羽的东宫

[①]八坂琼曲玉又名八尺琼勾玉，与天丛云剑（草薙剑）、八咫镜同为日本传说中"三种神器"之一。"三种神器"作为皇位象征，是日本历代天皇继承的宝物。

第四章 院政与内乱的时代(十二世纪)

大夫藤原公实。公实是白河的亲信,同白河的宠妃祇园女御也关系密切,而且从他既是鸟羽的舅父又担任其东宫大夫而言,也是摄政的合适人选。但是,虽说当今天皇的母亲并非出身于摄关家嫡流,却也从来没有摄关家嫡流以外的人物出任摄政的先例。据说进退两难的白河曾赌气卧床不起,不理政务。最终白河选择了从大约一年半之前开始担任堀河关白的藤原忠实(藤原师通之子、赖通的曾孙),希望通过与摄政家修复关系来渡过眼前的困难。

或许是因为失去了摄政的地位受到打击,藤原公实于同年冬天过世。似乎是对公实之死追悔莫及,白河非常偏爱公实的遗女璋子(七岁),把她领到祇园女御身边抚养,璋子常常把脚伸到白河怀里睡午觉。不必说,这源自白河对于璋子身上的闲院流藤原氏嫡系血脉挥之不去的近乎病态的执着。对于白河而言,鸟羽和璋子这两个幼儿对于巩固自己的王统不可或缺,如何安排他们在王权架构中的位置,颇费思量。

白河起初的设想是,让摄政藤原忠实的儿子忠通成为养女璋子的夫婿,迎娶忠实的女儿泰子为鸟羽的皇妃,在皇室和摄关家之间联姻。这个想法浮出水面是在一一一一年璋子尚十一岁时。这与九世纪嵯峨天皇和藤原冬嗣安排各自的子女——仁明和顺子、洁姬和良房——相互联姻的构想异曲同工,如果得以实现,皇室和摄关家也许就能够再次恢复紧密的姻亲关系。但是忠实大概是考虑到如果迎娶白河的养女璋子,就意味着摄关家几乎会因为混入白河和闲院流藤原氏的血统而重组,于是没有立刻接受白河的提议。

"鸟羽暗杀未遂事件"与"紫上"璋子、"叔父子"崇德

就在藤原忠实犹豫不决的时候发生了一重大事件。一一一三年,三宫辅仁[①]的护持僧仁宽诅咒并企图暗杀鸟羽天皇。仁宽是辅仁派中心人物左大臣源俊房之子。鸟羽当时正好在生病。尽管真相不明,仁宽仍被流放到伊豆国[②],在那里"投岩自杀",仁宽的父亲源俊房以及其他兄弟也都受到牵连,仕途终结。而辅仁

---

①辅仁是后三条天皇第三子。相传辅仁死后,白河法皇命源俊赖编撰《金叶和歌集》,收录辅仁的和歌九首,白河将作者"辅仁亲王"改为"三宫",故辅仁也被称为"三宫"。
②伊豆国是律令制下设立的国名,属于东海道,包括现在静冈县东部的伊豆半岛和东京都的伊豆诸岛。

则受到禁闭的处置。事件发生时白河院六十一岁，总算对于后三条遗愿带来的辅仁问题进行了清算。

但是，在辅仁遭禁闭前后，白河独揽权力的意图给王权内部带来了新的矛盾。白河院和刚满十三岁的璋子发生了关系。或许在白河看来，此事不过是将《源氏物语》中的"紫上"故事①付诸实践而已，但恐怕连紫式部都想不到自己的作品会有如此影响吧。这已经不能单纯用君王奇异的文化意识或是"年老癫狂"解释了。对于白河来说，无论采取什么手段，强化与母亲茂子同一血脉的闲院流藤原氏的姻亲关系都是必须的。白河通过"仁宽事件"迫使辅仁禁闭的同时，将对于出身自己母系的幼女璋子的偏爱也提升到了决定性的高度，这大概只能从君王政治意图的变化中来加以理解。

这件秘事很快传到了藤原忠实耳中，白河院制定的"璋子—藤原忠通""鸟羽—泰子"的皇室与摄关家相互联姻的计划受挫。而两家联姻的破产，促成了天皇家内部的血

---

①《源氏物语》中的主人公光源氏迷恋酷似自己母亲的藤壶，将其视为理想的女性。后来光源氏遇到藤壶的侄女紫上，又因为紫上酷似藤壶，于是将其接到自己身边养育成为理想的妻子，后来与紫上结婚。

脉再生，即让白河的"紫上"璋子成为鸟羽天皇妃这一石破天惊的计划。《愚管抄》中记载：听闻忠实不肯将女儿泰子嫁入宫中，白河龙颜大怒，解除了璋子和忠通的婚约，不久璋子正式入宫嫁给了鸟羽。① 于是一一一七年，十七岁的璋子按照白河的指示来到鸟羽天皇身边。对此，担任关白的忠实在日记中称她是"奇怪而又不可思议的女御"②。

白河与璋子的关系在璋子嫁给鸟羽之后依然持续，两年后鸟羽和璋子的长子出生，即后来的崇德天皇。一般认为崇德实际上是白河的私生子。或许在白河看来，鸟羽下一代天皇的早日诞生对于巩固王权是当务之急，因此让璋子怀孕就成为君王的政治行为的一部分。但是，不得不说这种行为意味着让"不义"蕴藏于王权的中枢。尽管在同时代的东亚各国，君王的淫乱行为也同样不胜枚举，但是这种"不义"完全脱离了社会正统性的框架。关于这一点，新井白石早已在《读史余论》中写道："白河与义女璋子私通，令其怀孕后嫁作孙媳（鸟羽之妻），待其生子（崇

---

①参见《愚管抄》卷四。
②参见藤原忠实《殿历》。

德）继承皇位。"又进一步指出："这可以称得上是父非父子非子，兄非兄弟非弟，夫非夫妻非妻，君非君臣非臣。"[1] 作为一种史论，这种观点也是极为正确的。由此，政治史进入完全混沌的境地。

白河院近臣与源平对立的根源

白河专横的背后是宫廷社会的支撑，其中心自不必说就是闲院流藤原氏。

白河的母亲茂子和生下鸟羽的苡子都短命而亡，这对闲院流藤原氏而言打击巨大。尤其重要的是，由于茂子、苡子的早逝，白河院政期间出现了与摄关时期完全不同的局面，这一时期不仅仅皇太子之位空缺，连皇太后也没有。取而代之的，是在王权内部处于系统编制之外的"乳母"（及其关联者）的地位得到了极大提升。如藤原显季（白河院乳母之子，出身善胜寺流藤原氏）、闲院流藤原氏出身的藤原公实（其妻光子为堀河、鸟羽乳母，叶室显隆的叔母）、藤原显隆（即叶室显隆，其妻悦子为鸟羽乳母）、藤原通宪（即后来的信西入道，其妻纪

---

[1] 参见新井白石《读史余论》卷一。

朝子为后白河乳母、显隆之妻悦子的外甥女）等人，都是一群以乳母的丈夫或儿子为中心的亲信近臣。他们共同拥戴实行院政的白河，通过相互之间复杂的血缘关系结成了集团，为白河院政的权力提供直接支持。

更大的问题在于，在白河权力的周围出现了庞大的武装组织。历来王权就将由近卫和检非违使构成的都市警察置于直接管辖之下，在清凉殿也设有泷口武士负责保护天皇，而白河更是在御所设置了北面武士作自己的贴身护卫。不过白河组建的这个武装组织并不仅仅满足于守护工作。

白河认识到了武士臣事自己的重要性，可以说他是第一位有意识地利用武士的天皇。白河选择的是平正盛。平正盛本来只不过是以伊势为根据地的地方军事贵族，一〇九七年他把伊贺国的土地进献给六条院御堂[1]，这里供奉着前一年过世的白河与贤子所生的女儿媞子，为其祈祷冥福。由此平正盛取悦了白河，从而开辟了平家飞黄腾达的大道。平正盛之所以受到重用很明显跟当时的局势有

---
[1] 六条院御堂是 1097 年白河上皇为悼念女儿媞子将其遗宫改建而成的寺院，现为万寿寺（位于京都市东山区）。

关。正如前文所述，恰好此时堀河病重，期待辅仁即位的呼声渐涨，而辅仁一党中就有武家的首领源义家。面对这一局面，白河为对抗源义家而重用平正盛，这成了平安时代末期"源平对立"的直接起源。

当然，源义家曾一度臣服于白河，并得到了院升殿[①]的许可，但这是白河同平正盛关系巩固之后的事了。源义家征战的后三年合战被视为"私战"而没有得到任何赏赐，进而因嫡子源义亲的叛乱之罪被平正盛讨伐，于是源家从武家最高首领的宝座上跌落下来。与之相对，平正盛及其嫡子平忠盛则巴结主导着白河"不义"世界的爱妾祇园女御，确立了白河近臣的地位。平忠盛娶了祇园女御的近亲或是女官为妻，据说这个女人怀了白河的私生子，而这个孩子便是平清盛。平清盛可以说是象征着"不义与武力"的院政时代到来的人物。

---

①院升殿指被允许登上退位后上皇居所的大殿议事，一般只有亲信近臣方有资格。

2. 鸟羽院——融合的挫折与武斗

鸟羽近臣集团与崇德

得知崇德身世秘密的鸟羽天皇称其为"叔父子",即崇德既是自己的儿子又是自己的叔父。崇德出生后,鸟羽很自然地想要重新促成曾经一度商谈失败的与关白藤原忠实之女泰子的婚事。忠实这次非常欢迎鸟羽的提议,开始准备让泰子入宫。对此,曾经提出同样要求却被拒绝的白河大为恼火,罢免了忠实的关白之职并命其在家禁闭,同时任命忠实的长子忠通继任。接着年老癫狂的白河令鸟羽退位,让刚满五岁的崇德继位。而此时的白河已经七十一岁。一一二九年他让崇德元服,同时让摄政忠通之女圣子入宫成为崇德的皇妃,白河为崇德所能做的也就到此为止了。同年七月,在怀着鸟羽孩子的璋子面前,七十七岁高龄的白河在做完安产的祈祷后，突然痛苦难耐旋即猝死。

虽然已从白河的专横中解脱出来，但对于鸟羽来说白河院政的遗产仍过于沉重。鸟羽无法放下对祖父一手带大的璋子的迷恋，小心谨慎地处理着与崇德的关系。但鸟羽也受到自己近臣的蛊惑，特别是在藤原家成被提拔为宠臣之首以后，鸟羽开始摸索确立自己的院政之路。家成是藤原显季的孙子，据信与鸟羽之间有着男色的关系。而鸟羽院政的出发点是重新起用在家闭门思过的藤原忠实，同时违背白河的遗言，实现了一直悬而未决的与泰子成婚之事。不过此时泰子已年近四十，于是鸟羽又迎娶了其他女性，希望璋子以外的女子能为自己生下皇子。鸟羽选中的是藤原家成的堂姊妹得子（参见系谱图18）。如此一来，鸟羽通过迎娶泰子和得子，一方面借助忠实恢复了与摄关家的传统关系，另一方面又毫无顾忌地将自己近臣一党的女儿安置在后宫的中心位置。

因母亲璋子的名誉受损，青年天皇崇德勃然大怒，形势一度非常紧张。不过，不久后得子生下近卫皇子，鸟羽在关白藤原忠通的协助下，以崇德出家、退位为前提

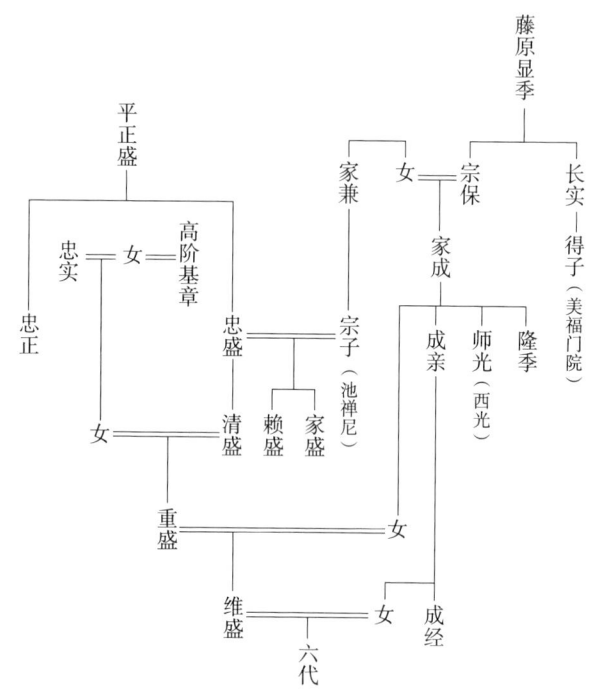

系谱图 18　平氏与鸟羽近臣

（据高桥昌明《清盛以前》，平凡社，1984 年）

条件，说服崇德收近卫为养子并作为养父实行院政。于是一一四一年崇德退位，近卫即位。可是，最终崇德的院政未能实行，等于说崇德被委婉地强制退位了。但问题在于近卫体弱多病。近卫于一一五〇年十二岁时元服，虽然与藤原赖长（忠实之子）的养女多子和忠通的养女呈子成婚，但不久即患眼疾，一一五五年十七岁时过世。不得已的鸟羽只好让崇德的弟弟后白河（璋子所生）即位，册立后白河之子二条为皇太子。即位后的后白河被鸟羽评价为"耽于玩乐，非帝王之才"，归根结底只不过是临时过渡的天皇而已。而由得子养育的皇太子二条则被置于"近卫天皇后继者"的地位，是真正的后继天皇人选。因此，立二条为太子的仪式都是由得子一手操办的，不过这自然也招致了被排除在外的崇德一方的震怒。

此时，能让事态平稳解决的方法只有一个，就是让皇位在崇德、后白河兄弟两系之间交替继承，王统"迭立"。而崇德自然也希望自己的儿子重仁亲王被立为后白河的皇太子。但是这样一来，就意味着霸权将掌握在"白河—璋子—崇德、后白河"一系手中，而身为兄长的崇德也将开始院政。鸟羽和得子当然不能允许这种状况出现，予以否决。而描绘这一蓝图的，是在鸟羽亲信集团中发挥智囊作用的信西入道（即藤原通宪，后白河乳母之夫）。

"武士时代"与"保元之乱"的爆发

与冷泉、圆融两系王统的分裂不同,此时皇室的内部分裂完全不可调解。一般而言,摄关时代的政治史被描绘成,前半段是摄关家为了确立霸权而互相争斗的时期(摄关时代),后半段是在院(上皇、法皇)的专制之下源平武士间互相争斗的时期(院政时代)。于是皇室内部的争斗仿佛成了禁忌,一直被忽视,但这才是核心问题。必须将平安时代的政治史看作皇室内部争斗愈演愈烈的过程,来进行连贯的说明。

而皇室的内部争斗也引发了贵族各家内部分裂的连锁反应。首先是在摄关家,以白河幽闭藤原忠实为契机,产生了深刻的内部矛盾。取代忠实担任摄关之职的长子藤原忠通,一待忠实恢复地位后便马上惹得忠实不满,而忠实则开始袒护起庶出之子藤原赖长来。一一五〇年,赖长想将妻子幸子(闲院流藤原氏出身)的侄女多子抢先嫁作近卫的皇妃,而忠通一方则取悦皇太后得子,希望将养女呈子送入宫中。面对两子之争,忠实在源为义的护卫下,公开施以父权,强行闯入由忠通管理的摄关家主宅东三条殿,接收了象征族长地位的朱器、台盘等,并将它们交给了赖长。但是，由于在崇德戏剧性的让位事件中出力协助，忠通与得子一族关系良好。而第二年又发生了赖长乱闯得子的堂兄弟、鸟羽第一宠臣藤原家成宅邸的事件（此事也有赖长身边男色关系纠葛方面的背景），鸟羽因此疏远了赖长，开始亲近"璋子—崇德"阵营。

藤原忠实带着源为义一同前往东三条殿接收，表明在摄关家内部矛盾中首次行使了武家的武力。此事的重大意义在于，它是宣告"武士时代"到来的"保元之乱"的前奏。源为义是源义亲的儿子，源义亲曾因白河院政时期父亲源义家不受重用发动叛乱而被问罪。于是，源为义臣属于白河的仇敌藤原忠实，次子源义贤（木曾义仲的父亲）为藤原赖长效力，谋求在"忠实—赖长"门下恢复武家首领的权势。这层关系在赖长的日记《台记》中也有所体现，其中赤裸裸地记录了赖长与源义贤之间的男色关系。但是，这层关系反过来也制约了源为义与鸟羽王权的关系，从而导致源为义与长子源义朝关系的恶化。决心卷土重来的源为义，很早就把长子源义朝派往关东，还将以勇猛著称的第八子源为朝托付给镇西①的领主武士。源义朝和源为朝分别自称"上总曹司""镇西八郎",形成了自己的势力,但这反过来也造成了外出的源义朝与留在京城的源为义、源义贤的不和。

一一四七年左右,在关东建立了强大势力的源义朝上京。与父亲不同的是,他直接与鸟羽成功建立了关系。虽没有直接的线索,不过从后来的局势发展来看,大概是通过陆奥守藤原基成、武藏守藤原信赖兄弟搭上的关系。这对兄弟当时是鸟羽的近臣,在东国地区也极有权势,还将两个妹妹分别嫁给了鸟羽身边第一宠臣藤原家成的儿子以及关白藤原忠通的儿子基实,是很有影响力的大人物。似乎是盯上了源义朝留下的势力,源义贤离京前往关中,"保元之乱"的前一年,在与源义朝之子"镰仓恶源太"②源义平就南关东地区主导权发生的争斗中战死。如此一来,源为义和源义朝父子之间的关系就无可挽回了。

与源氏的内部纷争相对,平忠盛却处于稳定的地位。

---

①镇西即指九州地区,743年统领九州地区的大宰府曾被改称"镇西府"。
②源义平勇猛过人,作为源义朝长子镇守镰仓,1155年在作战中斩杀叔父源义贤,由此得名"镰仓恶源太"。"恶"为刚强、勇猛之意。

《天皇摄关大臣影》中的藤原赖长（右）和平重盛（左）（三之丸尚藏馆供图）

鸟羽院政初期，身为白河近臣的平忠盛似乎很可能地位不保。不过，他在白河院政时期培植了广泛的人脉。如系谱图18所示，平忠盛与得子的堂兄弟、鸟羽身边第一宠臣藤原家成有着紧密的姻亲关系。再加上平忠盛的嫡子平清盛的原配是藤原忠实与高阶基章之妻私通所生的女儿，也就是说，平忠盛恐怕是在鸟羽和摄关家修复关系时，让自己的嫡子迎娶了忠实的私生女。正如上图所示，忠实之子赖长与平清盛之子重盛容貌相似，据说就是这个原因。在

169

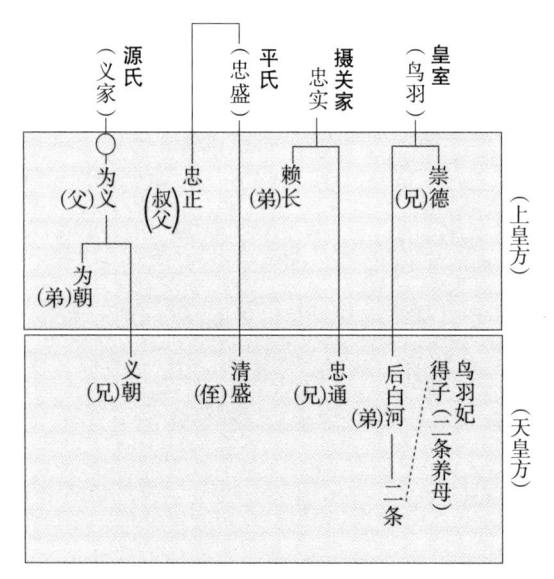

```
皇室      摄关家   平氏    源氏
(鸟羽)    忠实    (忠盛)  (义家)
                          ○
                          │
                          为义
   崇德    赖长    忠正   (父)      (上皇方)
   (兄)    (弟)    (叔父)
                          │
                          为朝
                          (弟)

   后白河  忠通   清盛   义朝
   ─┐    (兄)   (侄)   (兄)      (天皇方)
   鸟羽妃
   得子(二条养母)
   │
   二条
```

"保元之乱"的对抗关系

鸟羽的院政下，平忠盛能够作为武士第一次被赐予宫廷贵族一员的"殿上人"[1]这一荣誉家世，完全是拜全方位的人脉关系所赐。

然而在"保元之乱"爆发前夕的一一五三年，随着平忠盛的过世，白河院政以来政局的内部矛盾也在平氏家族

---

[1]殿上人指能够登上天皇日常起居理政的大殿清凉殿之人，通常都是品级在四位、五位以上的王室贵族、朝廷重臣。

中浮出水面。平忠盛的弟弟平忠正在白河院政的全盛时期,担任了刚出生的崇德的家司①,在璋子和鸟羽的关系恶化时被卷入,因惹怒了鸟羽而受到冷遇。平忠正因此与藤原赖长建立了稳固的关系。如此一来,围绕平氏的主导权,平清盛与平忠正之间出现了对立。

一一五六年,随着鸟羽的过世,"保元之乱"爆发。听闻鸟羽病危急忙赶来的崇德却被阻止与鸟羽会面,继而传出他要谋反的流言,于是各地武士纷纷进京。鸟羽过世六天后,源义朝等人的部队率先攻击了赖长所在的摄关家主宅东三条殿。后白河、二条、得子、平清盛、源义朝一方得胜。而失败一方,崇德上皇被流放赞岐②,赖长在战斗中受伤而死于奈良,忠实被其子忠通亲手幽闭于京都北郊的知足院。就这样,皇室、摄关家、源氏、平氏诸家之间错综复杂的矛盾通过武力得到了解决。

---

①家司指管理亲王、摄政、公卿大臣等高官(品级三位以上)家庭事务的官员。
②赞岐是律令制下设立的国名,属于南海道,即现在的香川县。

3. 后白河院与平清盛——颓废与华丽的极致

**后白河"新制"与
"平治之乱"**

崇德、后白河的母亲璋子在"保元之乱"约十年前过世。由于母亲之死，后白河陷入"暗夜"，崇德心中不忍，便将他招至自己的御所安慰。后白河后来曾缅怀当时的情景时说，在御所附近尽管有所顾虑，但还是因为喜欢，所以每天夜里埋头于今样歌①的练习。"保元之乱"后崇德被流放，与后白河脱不了干系。被流放至赞岐的崇德形容枯槁如同鬼魅，写下"愿化身大魔王烦扰天下"的血书，在诅咒中过世。当时的人们认为此后接连不断的内乱都是崇德的诅咒在作祟。崇德的怨灵与平安时代初期桓武天皇的

---

①今样歌是平安时代中期至镰仓时代初期流行的一种新样式的歌谣，以四句七五调为代表。

弟弟早良亲王（崇道天皇）的怨灵有着同样的性质，都是天皇家的怨灵。自他登场开始，平安王朝逐渐走上覆灭之路。而"崇德"这一院号①本身很可能也是考虑到早良亲王（崇道天皇）而起的。

然而，以军事手段解决了白河院政以来的各种矛盾后，国家权力已具备了超出后白河的意志展开强有力行动的力量。其象征就是，在"保元之乱"的战后处理基本告一段落的同年闰九月，后白河发布世代交替的新制《保元新制》。其中第一条规定："九州之地者一人之有也。王命外，何施私威。"② 这是自后三条的《延久新制》以来正式发布的《庄园整理令》，同时宣告了对全国土地的控制权（包括因"保元之乱"而没收的藤原赖长领有的摄关家庄园在内），并做出了以修复、营造大内为中心复兴王城京都的指示。修复大内是延续了后三条的事业，这一点毋需赘言。《年中行事绘卷》中，修复后的大极殿③屋脊两端屹立着金

---
① "院号"指天皇死后追赠的谥号或是上皇、皇太后等的尊号。"崇德""崇道"都是死后追赠的谥号。
② 参见《续左丞抄》卷一"杂事五个"条，保元二年（1157年）三月十七日。
③ 大极殿是位于宫城北部中央的正殿，殿内设有天皇的高御座，是天皇处理政务，举行朝贺、即位等国家典礼的地方。

色的鸱尾。后三条建造的大极殿本着节约原则，使用的是木制的鸱尾，而后白河却使用了"金铜"的鸱尾，似乎是在夸耀自己解决了后三条以来的矛盾，建立了强有力的王权。

但是，正如前文所述，后白河只是在皇太子二条即位前的一个过渡，这是在其即位之际就达成的默契。在此之前，王权内部的对立通常都是兄弟之间的问题。但是，由于鸟羽天皇之后皇位继承的特殊情况，后白河和二条父子之间出现了尖锐对立的萌芽。"保元之乱"三年后爆发的"平治之乱"，就是这个原因引发的。

后白河于"保元之乱"两年后的一一五八年退位，二条即位。支持二条天皇的，是其养母得子（鸟羽之妻）以及与她关系密切的贵族。他们寄望于在后白河退位后，作为被誉为贤明圣君的二条的亲信获取权势。而与之相对，支持后白河的贵族首领是以精明能干著称的后白河乳母的丈夫信西入道。众所周知，他才是《保元新制》实际上的核心人物。但问题是后白河身边的藤原信赖（其妹妹嫁入了得子的堂兄弟、鸟羽近臣藤原家成家）、藤原成亲（家成之子，参见系谱图18）等玩伴在人脉关系上与得子和二条的近臣更为亲近。而且,不难想象这两人和后白河之间还存在着男色关系。

在这种形势下,藤原信赖拉拢二条派的贵族源义朝,意图排挤信西入道和平清盛。源义朝在"保元之乱"中功勋卓著,但得到的恩赏却比平清盛少,早就心怀不满。一一五九年十二月,信赖乘平清盛前往熊野三社参拜之机,在嫉妒信西的二条近臣们的默许下拘禁了二条天皇,接着又拘禁了后白河上皇,然后对信西发起了攻击。"平治之乱"由此爆发。

信西被逼自杀,其头颅被悬挂于狱门之上。此时藤原信赖二十七岁,同样成为叛乱中心人物的藤原成亲只有二十二岁,至于在战斗中表现突出的源义朝嫡子源义平则年仅十九岁。"平治之乱"可以称得上是"保元之乱"之后品尝到了暴力滋味的青年们意气用事的"青年起义"。但是,由于认清形势的二条派贵族与匆忙回京的平清盛紧急联络,救出了后白河和二条,这一日本史上罕见的军事行动一举走向失败。本章篇章页的图片描绘了信赖从藤原成亲处得知上皇和天皇被救走后惊慌失措的样子。在与平清盛的战斗中败下阵来的信赖投奔后白河,后白河也替他求情，但没有得到赦免而被处死。源义朝则逃亡东国，途中被杀。而众所周知，源义朝之子源赖朝被流放到伊豆。

"平治之乱"导致后白河与二条之间的关系日趋恶化，这一结果尤为重要。后白河失去了近臣集团的核心成员。二条派的贵族则期待着二条实行院政，在"平治之乱"后的第二个月（一一六〇年一月）强行推动了著名的"二代后"立皇后之事。即让近卫天皇的皇后多子再嫁给二条为皇后，并期待她尽早生下皇子。当时二条十八岁；出身闲院流藤原氏，拥有可以成为天皇之母家世的多子，只有二十一岁，有"天下第一美人"之称。推动这一婚事的是得子，她大概回想起了在"保元之乱"前尚属和平时期年幼的儿子近卫和多子的婚礼。得子肯定是想借这桩婚姻再次确认二条才是"近卫天皇的后继者"。

但是这桩婚事无论如何都是史无前例的，成为战乱后余烬未消的京都街头巷尾绝好的谈资。对于后白河来说也是如此，他在二条举行婚礼的宅院对面看台上与观礼之人一起兴致勃勃地聊起了市井流言。对此神经过于敏感的两名二条亲信从附近的堀川木材市场征来木板，将那个看台给封锁了。据说伤了面子的后白河把平清盛叫来，向他哭诉："事关我的颜面，去把那两个人给我绑来！"

平清盛的霸权与福原京

这段逸事充分说明失去近臣的后白河所能依赖的只有平清盛。在多子立后的同年（一一六〇年），平清盛之妻时子的妹妹平滋子（即后来的建春门院）嫁入后白河院的后宫，第二年生下了高仓皇子。后白河与二条父子间的对立仍在持续，平清盛态度谨慎，同时为双方忠心效力，意图左右逢源。于是平清盛得以平步青云。随着藤原忠实（一一六二年）、忠通（一一六四年）以及最为关键的二条（一一六五年）相继过世，保元、平治的战乱记忆渐渐远去，日本迎来了新的政治局面。

如前文所述，成为新时代中心人物的平清盛是白河的私生子，而其嫡子平重盛的母亲是关白藤原忠实的私生女，平氏的宫廷可以说是在平安王权颓废的极致中诞生的政权。而平氏政权不愧是拥有强大军事力量的支撑，一切权力都尽在掌握，政权极为稳固。在平安王朝支撑王权的贵族中，宫廷贵族（公卿朝臣）居于上位，军事贵族居于下位。而此时军事贵族拉拢了宫廷贵族并位列其上，形成了中世体制的框架。平氏的繁盛正如《平家物语》所述："一门公卿十六人、殿上人三十余人，另有诸国受领、卫府、诸司合计六十余人，如此盛景世间无二。……日本全境仅六十六国，而平家领有三十余国，已超半数。此外，庄园田产等不胜数。"①

有如此权势的支撑，平氏的宫廷成为平安王朝最为华丽绚烂的宫廷。宫廷生活的中心是建春门院滋子，她随着高仓天皇即位而登上国母的地位。宠爱滋子的后白河摆脱了前半生的苦闷，通过与平氏的联合确立了自己的家族和王统。在升任太政大臣的平清盛的支持下，后白河对于前半生一直着迷的今样歌更为热衷。后白河在著名的《梁尘秘抄·口传集》中回忆当时的情景："一年之中不分季节，日夜吟唱。……我独自翻开歌谣集，那些吟咏四季的今样歌乃至法文、早歌，有时一边书写一边吟唱，甚至有三次唱至嗓音嘶哑。"②

象征着"平清盛—滋子—后白河"体制的和谐与繁荣

---

① 参见《平家物语》卷一。
② 《梁尘秘抄》是后白河所编纂的今样歌谣集，原本包括《歌词集》十卷和《口传集》十卷，现仅存两者卷一的摘录以及《歌词集》卷二、《口传集》卷十。

第四章　院政与内乱的时代（十二世纪）

的，是在高仓出生后不久开始建设的兵库[①]福原别庄。福原[②]的大轮田泊港修筑完成后不久，后白河于一一六九年借着登高野山之便顺访福原，自此，直到"治承寿永之乱"前夕的近十年间，后白河每年都会前往。而后白河的福原之行时常有建春门院滋子伴随左右。一般来说，福原的别庄被认为是为平清盛而建，但是也不要忘记当初兴建的名义是侍奉后白河和滋子。一一七一年，平清盛的女儿德子（即后来的建礼门院）以后白河养女的身份入宫，嫁给了十一岁的高仓天皇。如果事情进展顺利，由此形成"高仓—平氏"王朝，日本中世国家的面貌恐怕会大为改变。

然而，一一七六年奏响了打破这一局面的序曲，建春门院滋子身上的肿块由胸腹蔓延至全身，于三十五岁过世。据说在滋子临终之际，唱着祈祷经文的后白河的声音变得"粗重高亢"。第二年，后白河前往福原为滋子诵经，祈祷冥福。一个月后，即一一七七年四月，京都发生了有名的

[①]兵库是摄津国（律令制下设立的国名，属于畿内五国之一，包括现在大阪府西北部和兵库县东南部）的地名，即现在兵库县神户市兵库区。
[②]福原是平清盛在摄津国的兵库营建的新京，位于海上交通要冲。1170年首次有宋朝商船停泊，1180年平清盛曾拥戴安德天皇短暂迁都于此。

"安元大火",大内的大极殿和八省官署全被烧毁。"高涨的火焰飞一般地蔓延了一二町,世皆惊慌失措",这是《方丈记》中描绘的场景。而《保元新制》中修复的王权象征——有着金色鸱尾的大极殿的烧毁,令后白河回想起过往的种种经历,失去了清醒的神智。《愚管抄》中有如下叙述:

> 建春门院(平滋子)于安元二年七月八日因疟疾病逝。此后,(后白河)在居所中荒淫无度。男宠之中,藤原成亲是藤原信赖当政时期的危险分子。……尤以藤原成亲最为得宠。①

藤原成亲是后白河的父亲鸟羽最信赖的近臣藤原家成之子,得到年轻的后白河的宠爱,与藤原信赖一起策划了"平治之乱"。后白河因滋子之死,重新沉湎于身边近臣的男色世界中。在王权中枢一再上演的君主与宠臣之间的肉体关系,从某种意义上来说或许同中国的宠臣宦官化

---

① 参见《愚管抄》卷五。

第四章 院政与内乱的时代(十二世纪)

类似。

藤原成亲后来成为共谋覆灭平氏的"鹿谷事件"[①]的中心人物。正如系谱图18所示，与藤原成亲一门的姻亲关系原本是平氏崛起的重大条件，而"鹿谷事件"后这一条件彻底颠覆。安元大火两个月后（一一七七年六月），少纳言信西入道之子、前法胜寺住持静贤法印的居所鹿谷山庄聚集了很多人，除了藤原成亲以外，还有俊宽以及信西的随从西光、西景等人。后白河也参加了，但据说他只在欣赏猿乐。

此次事件后风云突变，平氏权力重组，进一步走向军事化，后白河被幽禁，以仁王、源赖政以及源赖朝不断举兵。而在平氏方面，平清盛拥戴已成年的高仓天皇以排挤后白河，试图建立更为纯粹的平氏王朝，但这一努力终告失败。这段历史，如果撇开与王权之间的关系根本就无从谈起。如前文所述，当时的人们认为，这场内乱都是在赞岐含愤而死的后白河的兄长崇德天皇的怨灵作祟，将原因

---

① 1177年，藤原成亲、藤原师光、多田行纲、僧俊宽等后白河的近臣聚集于京都东山的鹿谷山庄密谋讨伐平氏。因多田行纲告密，事情败露，师光被处死，成亲、俊宽等人被流放。

归咎于皇室的内部斗争。

就这样,在崇道天皇(早良亲王)的含愤而死中开启的平安时代,又在崇德天皇的怨灵所引发的内乱中终结。关于这场内乱及从中孕育的国家、社会的形态,已超出了本书的论述范围。在其带来的惨祸中,只想特别提及平清盛之子平重衡烧毁东大寺一事。由桓武天皇所开创的平安王朝的历史,随着承载奈良时代文化的东大寺大佛化为灰烬而画上了句号。

4. 宋钱的流入与地方社会

动乱期的东亚与院政时期的王权

兴起于辽国东北部的女真族,在十二世纪初的一一一五年建立了金国,之后立刻攻打辽国。看到宿敌辽国国势衰弱,宋朝与金国结盟。结果灭亡辽国所依靠的还是金国的战斗力,而反过来宋朝受到金国的攻击不得不逃往南方。这就是北宋的灭亡和南宋的建立。南宋曾一度非常繁荣。而铁木真于一二〇六年称成吉思汗。十二世纪的东亚正处于蒙古崛起的前夜。

宋朝和高丽原本都是由武将建立的国家,两国常常陷入内乱和战争。与此相对,日本一直延续着王朝国家,不过在这个时代，武家的政治地位终于凌驾于公家①之上。日本的特点在于，武家的霸权并非源自于北方民族崛起的外部条件，而是院政时期皇室贵族社会极其成熟，在其内部斗争和颓废中自己生发出来的。

在宋朝最强盛的时期渡海来到中国的成寻，虽然最终没能返回日本，但他将旅途的风景描绘在屏风画上，这幅屏风画后来转交到白河天皇手中，似乎激发了日本皇室对于宋朝的兴趣。白河显示出对"唐物"的贪欲，他多次举行了"唐物"御览的仪式，其中包括了羊、孔雀等珍奇动物。在这个时期，宋朝与日本的海商往来已经常态化，五岛列岛②、博多以及敦贺等地还出现了宋朝商人的居留地。而以日本为根据地、娶日本女性为妻或是母亲为日本人的宋朝商人逐渐增多。众所周知，南宋时期商人们的北上之路被封堵，于是转而在东南亚扩大居留地，从而奠定了日后华侨社会的基础。而日本则成为连接西伯利亚、北海道等地的东北亚地区的贸易中心。

---

①公家指朝廷的公卿大臣。
②五岛列岛是位于现在长崎县西面东海之上的群岛，因离中国大陆最近，是平安时代遣唐使船只停靠的根据地，在对外关系上具有重要地位。

此时，执掌院政的上皇积极地将近臣安置在大宰府长官这一对外关系窗口的位置。对于宋朝商人带来的宋朝国书和信物，虽然只是最低限度，也还是予以了一定的礼节性应对。一般认为平安时代处于锁国状态，对"白河—鸟羽"院政时期的这种对外态度，最终就只一句"对正式邦交态度消极"来概括。但是不要忘记，一一二七年北宋灭亡，意味着与宋朝建立邦交这个问题本身就不存在了。就连臣属于辽国的同时也跟宋朝保持着良好邦交的高丽，也在南宋成立后不久中断了官方使节的派遣。

在文明的道路上起步较晚的远东岛国日本，此前一直维持着"和平"的局面，这一良好条件使经济得到了发展。而在"华夷逆转"（"中华"和"夷狄"之间的力量关系逆转），东亚地区处于全面战争前夜的国际形势下，日本仅仅只是与中国维持最小限度的礼仪性外交关系，就获得了巨大的贸易利益。这些贸易利益无疑成为强化院政权力的重要条件。于是近臣们竞相争夺对外关系的利益。例如作为白河近臣曾显赫一时的大宰权帅藤原长实，在鸟羽开始实行院政后立即面临将被赶下台的困境。当时负责管理九州院领庄园[①]的备前守[②]平忠盛,趁此机会排除大宰府官员的干预,以上皇诏命为后盾,独占了与抵岸的宋朝商人之间的贸易。这显示出近臣平家出类拔萃的应变能力,积极参与了对宋贸易。

另外,在历来对王朝国家的对外关系起支持作用的延历寺僧侣中,出现了牵涉对外贸易的恶僧,此事也颇值得注意。例如,负责管理延历寺所辖的分寺和庄园,往返于各地的恶僧首领法药禅师,利用从宋朝商人那里获得用于贿赂大宰府官员的融资,试图将有关大宰府附近大山寺的控制权问题的诉讼导向有利于宋朝商人的方向。当时延历寺的"神人"[③]们把北九州作为"借上"(金融业)活动的据点之一,在那里即使宋朝商人自己是"神人"也丝毫不足为奇。延历寺拥有日本中世最大的"借上"集团,其基础就是在这一时期形成的。不言而喻,这也为入宋僧辈出的延历寺的国际交流和贸易提供了资金支持。

如此一来,在王权中承担对外关系的新生力量登场的

---

①院领庄园指由上皇所领有的土地庄园。"院"是对上皇的尊称。
②备前守是备前国的地方长官。备前国是律令制下设立的国名,属于山阳道,位于现在的冈山县东南部。
③神人是指隶属于神社寺院,负责宗教仪式和杂役等事务的职员。

同时，作为王权外交权力的物质基础，藏人所的黄金储备却经常不足，到了后白河天皇时期，甚至出现了陆奥黄金被商人抢先买下的现象。即便如此，王权对于异国的兴趣却丝毫未减，而后白河饲养平清盛献上的"羊"，又满是炫耀地将"鬼裈"收进自己的宝物库"莲华王院宝藏"，总之尽是些低级趣味的东西。

就东亚地区当时的状况而言，越过国境的人们已经联合成一股力量。例如，一〇九五年在朝鲜半岛西海岸捕获了一艘"宋人、倭人"乘坐的装载"水银、珍珠、硫磺"等物资的武装商船，高丽方面认为这艘船"欲共同犯我边境"，表露出戒备之心。这种行为本质上已与后来的倭寇无异。尽管王权在低级趣味中沉沦，但同样是在平安时代末期，作为贯穿整个中世的最大问题，倭寇在这一时期已经开始了最初的萌动，必须充分强调其意义。

福原京与宋钱的流入

平氏政权积极组织日宋贸易，以从中获得的财富为基础，成功控制了连接九州至濑户内海的西国海域，构筑了牢固的权力根基。而建于连接这一海域和畿内①的枢要位置上的，不用说就是后白河与平清盛的别庄——福原山庄。担任此工程建设的是藤原能盛，他是白河院宠爱的娈童之孙，也是后白河的近臣和学习今样歌的弟子，同时还是平清盛的家臣，其身份如同院政时代的象征。能盛曾担任九州院领庄园的管理之职，同时在平清盛担任大宰大贰时还曾作为代理人在日宋贸易中大显身手，因此建设贸易港福原，能盛再合适不过。福原不仅有宋朝商船直接入港，肯定也有相当数量的宋人居住。而造访福原的后白河打破宇多天皇遗训接见了宋朝商人之事也广为人知。有位贵族批判后白河此举是"天魔所为"。

就像这位贵族的语气所表现出的那样，开展国际贸易并不会直接带来社会的国际化，甚至反而还会造成社会各阶层普遍的排外心理。例如，平清盛向后白河进献"羊"之后，据说京都就开始流行所谓"羊病"。又如，随着日宋贸易的发展，宋钱大量流入，当时的流行病又被称为

---
①畿内指律令制设定的以都城（京都）为中心的周边地域的特别行政区域，包括大和、山城、河内、和泉、摄津五国，合称"五畿"。范围大致包括现在的京都府、大阪府、奈良县以及兵库县的一部分。

"钱病"。虽然一般认为后者就是一种流行性腮腺炎，但其中表露出一种认为异国的文化和财富会带来疾病的排外观念。当时有个日本武士在朝鲜半岛降服老虎的故事（《宇治拾遗物语》）很受欢迎，而且还与夸耀日本"兵道"压倒性强大的军国主义意识结合，广为传播。排外主义开始成为极具武家时代特色的典型观念。

但是，日宋贸易的开展超越了那些排外主义的观念，给日本社会带来了巨大影响。尤其是十二世纪中叶以后，随着日宋贸易的发展，大量宋钱流入日本，具有决定性的意义。例如在写成于十二世纪中叶的《扇面古写经》中，出入京都商铺的女人们都携带着量米用的升，可见这时将大米作为实物货币使用仍然是普遍现象。不过同时必须注意到，女人们把袖子贴在胸口用手紧紧握着，这一细节意味着她们把钱放入了袖兜里。平安时代末期京都的繁荣，其背景正是钱币流通的日趋活跃，这一点确凿无疑。

宋钱的流通对交换经济的发展产生了深远影响，增强了商人推动经济发展的力量。而对于预感到王朝国家即将覆灭的贵族们来说，这也是一种"天魔所为"。

《扇面古写经》中出入京都商铺的女人们

院领庄园与"地头"　　白河院政后半期以来,积累了庞大规模的院领庄园,其面积占到诸国土地面积的一半以上。此前的庄园是以官省符庄为中心,盖有天皇的内印以确保领有权。与此相对,在确认院领庄园特权的文书上并没有内印,往往只按了院方的手印(红色掌印)。而居于国家中枢的近臣集团,或是亲自前往或

第四章　院政与内乱的时代（十二世纪）

是派遣部下前去管理，从而获得了奉命掌管院领庄园的身份。同时，他们还历任各地的国司。拥有国司任命权的一些特定的皇室贵族作为知行国主①，在相当一段时期内支配着原本为朝廷、国衙所有的"公领"土地，其构成实际上已和庄园没有太大差别。于是这一时期的"庄园捐赠"就成了地方领主为从近臣那里获取特权而开辟的直接连接中央的道路。而这种现象说明，九世纪的皇室贵族之"家"与地方豪族之间的结合以更大的规模完全复活，十世纪初以国衙为中心重组的土地支配体制再度发生巨大转变。

由此获得的巨大财力成为院政的基础，而作为院政权力另一个支撑的武力组织也同院领庄园结合在一起。具体情形从白河近臣藤原显季和武士源义光之间的一场庄园诉讼逸事中可窥一斑。显季是白河的乳母之子，也是白河的宠臣。他向白河辩称源义光提出的诉讼毫无道理，白河却说道："你已有好几处领地了，义光却只有那一处赖以生计的领地。你就不要拘泥于什么道理了，把那处领地让给他！好好想想如何跟武士相处！"显季虽然心有不服但也

---

①知行国主指获得某一国的行政权和赋税收益的王室贵族等。他们一般并不亲自前往，而是任命亲信、近臣为国司前去管理。

只能从命。而心生感激的源义光因此对其尽"侍"之礼，打算以后在显季身边暗中安排护卫进行保护。就这样围绕着院领庄园的利益，近臣和武士之间形成了复杂的层层关系。

在这种状况下，国家的土地支配体制，不再是十世纪以来通过国衙采取行政管理的模式，而转变成依靠武家的力量直接实行军事管理。庄园的设立以及领地、边界的纷争，都是武士以武力来决定。

例如一一四四年在筑后国①的院领庄园"荐野庄"设立时，大江匡房的子孙、作为肥前国海上武士集团"松浦党"的祖先而青史留名的前肥前国司大江国通，为解决边界问题叫来了院使，然后在庄园边界的山野举行围猎活动示威，还烧毁了邻近的庄园。参加围猎的人包括大宰府的官员，以及从肥前到筑后的北九州地区的武士领主，这非常明显地说明设立庄园、确立地方社会秩序要靠领主的武力。

特别引人注意的是，在这里他们被称为"地头人"。"地

---

① 筑后国是律令制下设立的国名，属于西海道，位于现在的福冈县南部。

头"本来的意思是"地之头",即"土地的边界",而"地头人"也就是指边界的决定者。如前文所述,在平安时代"地头"(地界)的管理和"检田"(田地调查)等本来是刀祢的职责,而这种官方职权却被地头获取了。当然,刀祢还承担着村落领袖、有识之士的角色,这是另一回事,这种角色后来仍然被"古老"(村中长老)所继承。但是负责承包国衙行政工作的刀祢则消失了。

于是,"地头"就成了庄园设立时的现场责任人(即进行开发的武士领主)地位的代名词。而平安时代末期,在"上皇—平氏"政权强有力的国土支配的背景下,几乎所有的庄园地头都由平氏的家人担任。就地方社会而言,院政时代最终成了武士领主占据地方社会中心位置的时代。

武士与民众　　荐野庄的事例中另一点值得关注的是,以烧毁邻近庄园行动的指挥者而扬名的三毛大夫季实也是与对外贸易相关联的人物。不久在博多发生的袭击宋商事件中,他带头发起了攻击。北九州的武士领主几乎都积极参与对外贸易,囤积财富。从更广范围来看，跟对外贸易有关联的也不仅仅为九州地区。前不久发掘的平安时代末期伊豆北条氏的宅邸遗迹中，发现了以中国陶瓷器为代表的丰富文物。就像这一考古发掘所显示的，平安时代末期，地方领主们在全国性物流网络中积蓄财富，充满着跻身权力中心的野心。

有名的《粉河寺缘起绘卷》[1]，描绘了这个时代地方领主宅邸的样子。尤其是宅邸的内室铺满了中国产的白瓷、砂金包、金条、银条和绢布等，显示出了他们是多么的富有。这所宅邸大门的照片常常出现在教科书上：门楼上建有箭楼，上面布满全副武装的武士；前来上缴各种收获物的人们来到门前，神情中仿佛对那些武士充满畏惧。这反映出，在掌握着财富和权势的地方领主的统治下，民众从属性比以往更强。

如前文所述，平安时代的地方社会由"田刀祢"开始，在由"刀祢"和"田堵"形成的秩序中运行。这些承担着一半行政职能的中间阶层在地方社会中不断扩大。在他们的管理之下，民众有时会寻求强有力的领主的保护，成为

---

[1]《粉河寺缘起绘卷》是以和歌山县粉河寺供奉的主佛千手观音相关传说为题材的绘卷。现藏于粉河寺，日本国宝。

第四章　院政与内乱的时代(十二世纪)

他们的下人、随从,或者在庄园的权威下获得"寄人""神人"的身份,以维持自己的生计,开拓新的产业。

但是,在保元、平治的战乱以后,地方的武士放眼全国,提高了自身地位,而且在十二世纪中叶以后,他们常常以"地头"自居,掌握了地方的支配权,而这些又成了压制民众社会活动的新要素。在那以后,以武士领主为核心的支配阶层与普通村落住民之间产生了明显的裂痕,社会的基本支配关系在二者之间建立起来。

尤其值得注意的是,自那时起无论是国衙领有土地上的平民百姓,还是庄园的庄民,基本上都统一称为"百姓"了。院政时期,国衙和庄园具有大体相同的结构,均由中央院政机构统辖。这种体制下,将民众统一称为"百姓"便顺理成章。对民众而言,无论是公领的土地还是私有的庄园,在支配关系上也并无大的差异。在这种背景下,十二世纪中叶以后,村落住民在对免除租税等事关庄园利害关系的事项进行申诉时,经常在递交称为"百姓解"的诉状后发起运动(关于国衙领有土地缺乏详尽史料)。这种"百姓解"与后来的民众在发动"庄家起义"时提出的"百姓申状"有直接关联。"庄家起义"是镰仓时代以后村落民众抵抗运动的基本形式。平安时代的史料记载，某庄园的庄官、百姓们反对为修建伊势大神宫征收租税（称为"一国平均役"①），于是聚集在"地主官"，"敲着大鼓，大声叫嚷诅咒，打算烧掉政所"。这个"地主官"里大概有"村座"（村里的神职人员），村落的领导层无疑就是村庄的"古老"们。

正如《尾张国郡司百姓等解文》所记述的，在国司苛政的上诉运动中，民众主张，在这个以天皇为中心、以"善政"为口号的国家，自己就应该被视作"德政"对象的"百姓"。不过，正如前文所述，尽管有普通民众参加，但诉讼的主导者仍是领主和富农。与之相对，"百姓解"和"百姓申状"相关的抵抗运动，则是由村落的住民发起的。对于当时的人们而言，平安时代末期确立的武士支配体制极其残酷，这的确是事实。但纵观平安时代四百年的历史全貌，当时人们社会活动的扩展也体现了历史的发展，这一点也不能忽略。

---

①一国平均役指在特定的某一国内一律征收的赋税。

结　语——了解平安时代的意义

在人类社会漫长的历史长河中，发生了怎样的变化？未来又会如何？历史学就是研究这些问题的学问。当然，较之宇宙、地球的历史而言，人类的历史实在算不上"漫长"。但无论是地球的历史还是人类的历史，其"漫长"的程度都远远超出我们所能理解的日常生活范畴，从这个意义上来说两者具有相通的一面。而要感受和理解如此漫长历史的潮流，就必须要具备独特的感觉和知识。

那么，读过本书后的你有何感想呢？如果对平安时代产生了兴趣的话，首先推荐大家读一读《今昔物语集》。这本书的文库本可以很便宜地买到，若是购买古典文学全集本，还附带现代语翻译。不过《今昔物语集》的"古文"语句非常简明易懂，几乎没有必要借助翻译。希望大家不要将其视为一种学习，而要抱着一种阅读短篇小说的心态，多读一些"物语"。《今昔物语集》实在有趣，而且也能催发现代读者许多思考。前面提到为了理解历史"必须要具备独特的感觉和知识"，而阅读《今昔物语集》恰能切实有效地培养对历史的"感觉"。

接下来，希望大家能亲身触摸一下平安时代的文化遗产，置身于历史的现场。为此，最重要的是要去访问京都、奈良的东大寺、醍醐寺、东寺等寺院，那里长久以来一直传承和守护着建筑、绘画、雕刻等重要的文化遗产。这些文化遗产几乎都是平安时代和中世时代制作的。正如本书所述，平安时代发生了各种各样的事件，甚至有些现在看来令人惊悚。但那些从久远的过去留传至今的文化遗产超越了一切，对生活在现代社会的我们来说是值得夸耀的瑰宝。而如果有机会访问东寺的话，希望大家务必前往南侧大路西行不远处的罗城门遗迹。隐匿于一片住宅阴影中的遗迹或许看上去非常破旧，但它代表了现代日本社会中"历史文化"的现状。

另外，如果恰巧自己家附近有中世前期的地下文物、遗迹，或是恰逢现场有考古发掘，请务必前往参观，听

结　语——了解平安时代的意义

取专家的解说。当地的"领主馆""中世条里水田""墓趾"等遗迹或许不是那么美轮美奂，但是如果能与地域史的文献研究相结合，就会发现，这些遗迹较之绳文时代、弥生时代的遗迹能够带给我们更加切身的"感觉和知识"。从宏大的寺院到地域的遗迹，这些文化遗产正是靠此才得以留传后世，若大家都能思考这项工作的意义则实在是令人庆幸。

我们必须珍惜"唯一的地球"以及它的自然环境。但是与之同等重要的是，要将承载着过去人类生活信息的文化遗产和遗迹留诸后世。若是没有传承过往记忆的精神，不珍惜自身的历史足迹，人类又谈何爱护其他动物和地球？

第三则希望大家坐在电脑前（或许具体情况稍有差异），查阅一下现在不断积累的平安时代史料的数据库。近四五年间，我与同事一起努力构建了"平安时代全文数据库"。承蒙平安时代古文书全集《平安遗文》的编纂者、已故的竹内理三先生的盛情厚意，目前《平安遗文》全文以及相当一部分平安时代的贵族日记已在我的工作单位（东京大学史料编纂所）的主页上公开。通过检索数据库，人们能够瞬间查询出某一词语、文字在平安时代文献史料中的出处。

所谓历史研究，正如我的孩子曾经说过的，是"对过去刨根问底"。为此，首先必须要极具耐心地穿梭于堆积如山的史料中。过去，研究者将大部分的精力耗费在搜索史料中的事件和词汇等工作上，现在依然如此。数据库的使用，很明显可以为文献史料的搜罗工作提供极大便利。一百年后的研究者大概不必再用现在这样的方式去"对过去刨根问底"，可以从事真正意义上的与历史对话的工作吧。如同达尔文的进化论在二十世纪成为人们的常识，而现在新的有关宇宙、地球的历史也正在成为常识一样，对话过去、思考未来，也不再仅仅是部分研究者和历史爱好者的工作，而将越来越成为大多数人常识性的思考方式。在这个意义上，历史学作为承载观察人类社会过去的学问，也会逐渐与各种学科、学术性思考融合。

虽然我认为这是一种必然，但是在实现之前还是希望为此做出努力——为了不因动乱中断历史进程，从而导致历史文化遗产和自然环境的大量破坏；为了我们的时代不会终结，不会如同平安时代因平氏火烧东大寺而终结一样。

皇家系谱图

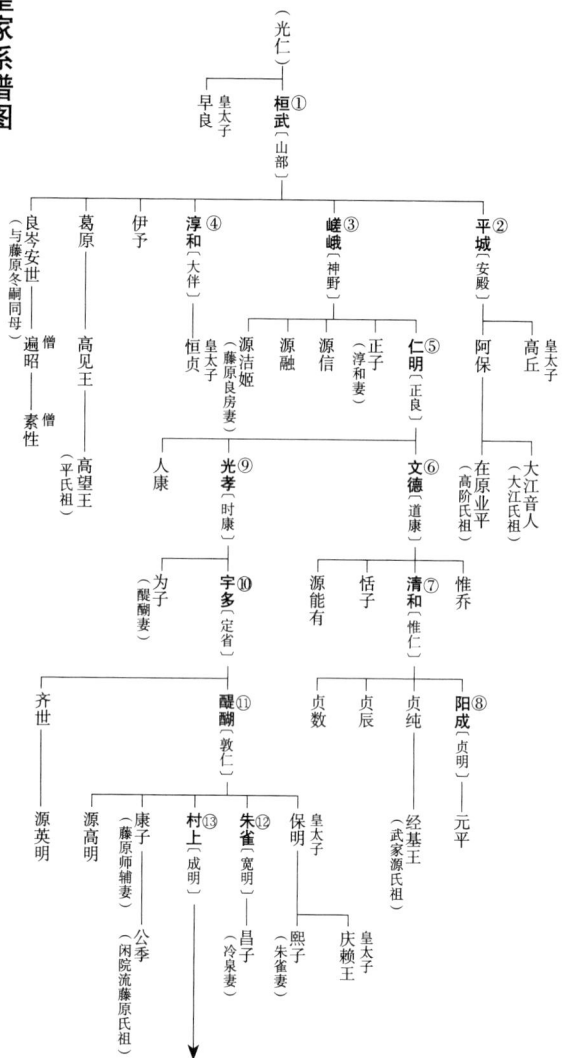

```
（光仁）
  └─ 桓武①（山部）
      ├─ 皇太子 早良
      ├─ 平城②（安殿）
      │   ├─ 皇太子 高丘
      │   └─ 阿保
      │       ├─ 在原业平（高阶氏祖）
      │       └─ 大江音人（大江氏祖）
      ├─ 嵯峨③（神野）
      │   ├─ 正子（淳和妻）
      │   ├─ 源信
      │   ├─ 源融
      │   └─ 仁明⑤（正良）
      │       ├─ 人康
      │       ├─ 光孝⑨（时康）
      │       │   └─ 宇多⑩（定省）
      │       │       ├─ 为子（醍醐妻）
      │       │       ├─ 齐世─源英明
      │       │       └─ 醍醐⑪（敦仁）
      │       │           ├─ 源高明
      │       │           ├─ 康子（藤原师辅妻）
      │       │           ├─ 公季（闲院流藤原氏祖）
      │       │           ├─ 村上⑬（成明）↓
      │       │           └─ 朱雀⑫（宽明）
      │       │               └─ 昌子（冷泉妻）
      │       └─ 文德⑥（道康）
      │           ├─ 惟乔
      │           ├─ 恬子
      │           ├─ 源能有
      │           └─ 清和⑦（惟仁）
      │               ├─ 贞纯─经基王（武家源氏祖）
      │               ├─ 贞辰
      │               ├─ 贞数
      │               └─ 阳成⑧（贞明）─元平
      │                   ├─ 保明
      │                   │   ├─ 皇太子
      │                   │   ├─ 熙子（朱雀妻）
      │                   │   └─ 庆赖王 皇太子
      ├─ 淳和④（大伴）
      │   ├─ 源洁姬（藤原良房妻）
      │   ├─ 皇太子 恒贞
      ├─ 伊予
      ├─ 葛原
      │   └─ 高见王─高望王（平氏祖）
      └─ 良岑安世（与藤原冬嗣同母）
          └─ 僧 遍昭─僧 素性
```

皇家系谱图

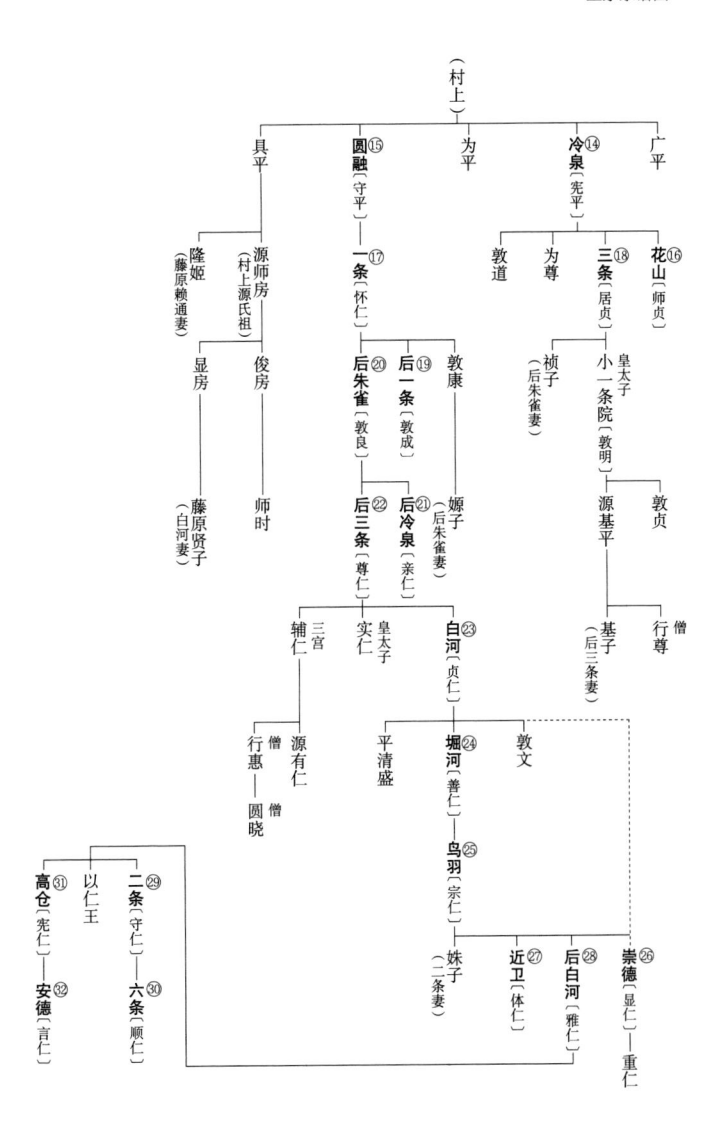

- （村上）
  - 广平
  - 冷泉⑭（宪平）
    - 花山⑯（师贞）
    - 三条⑱（居贞）
      - 小一条院（敦明）
        - 源基平
          - 基子（后三条妻）
        - 敦贞
          - 行尊
          - 僧
      - 祯子（后朱雀妻）
    - 为尊
    - 敦道
  - 为平
  - 圆融⑮（守平）
    - 一条⑰（怀仁）
      - 后朱雀⑳（敦良）
        - 后三条㉒（尊仁）
          - 白河㉓（贞仁）
            - 敦文
            - 堀河㉔（善仁）
              - 鸟羽㉕（宗仁）
                - 崇德㉖（显仁）
                  - 重仁
                - 后白河㉘（雅仁）
                  - 近卫㉗（体仁）
                  - 二条㉙（守仁）
                    - 六条㉚（顺仁）
                  - 高仓㉛（宪仁）
                    - 安德㉜（言仁）
                  - 以仁王
                - 姝子（二条妻）
              - 平清盛
            - 源有仁
            - 行惠 僧
              - 圆晓 僧
          - 辅仁 三宫
          - 实仁 皇太子
        - 后冷泉㉑（亲仁）
        - 嫄子（后朱雀妻）
      - 后一条⑲（敦成）
      - 敦康
  - 具平
    - 源师房（村上源氏祖）
      - 俊房
      - 显房
        - 藤原贤子（白河妻）
      - 师时
    - 隆姬（藤原赖通妻）

参考文献

一、史料类

历史学研究会编《日本史史料》(岩波书店)

 1.古代(近期刊行) 2.中世(1998年刊)

二、政治史类

保立道久《平安王朝》(岩波新书,1996年)

(有关政治史的参考文献,请参阅此书卷末。本书所依据的政治史相关史料的出典,也请参阅此书。)

三、对外关系类

目前尚无非常合适的相关著作。木村茂光《"国风文化"的时代》(青木书店,1997年)一书,从对外关系论和文化论两方面进行了分析,卷末列有详细的参考文献一览表。

四、社会经济史类

石母田正《中世世界的形成》（岩波文库，1985 年）

永原庆二《日本的中世社会》（岩波书店，日本历史丛书，1968 年）

户田方实《日本领主制成立史的研究》（岩波书店，1967 年）

户田方实《日本中世的民众与领主》（校仓书房，1994 年）

* 以上仅列出极少部分书目。

年 表

*表中括号内的数字表示人物当时的年龄。

781（天应元年）	桓武天皇即位（45），册立皇弟早良亲王为皇太子（32）。
782（延历元年）	"冰上川继事件"，天武天皇一系的贵族被肃清。
784（延历三年）	迁都长冈京。
785（延历四年）	藤原种继被暗杀；皇太子早良亲王被废（36），愤懑而死；册立平城为皇太子（12）。
794（延历十三年）	迁都平安京。
800（延历十九年）	早良亲王怨灵作祟的流言不绝，追赠其为崇道天皇。
804（延历二十三年）	遣唐使（藤原葛野麻吕、最澄、空海等）渡海出使。
806（大同元年）	平城天皇（33）即位，册立嵯峨为皇太子（21）。

809（大同四年）	嵯峨天皇即位（24），册立高丘亲王为皇太子（11？）。
810（弘仁元年）	设置藏人所；"药子之变"；改立皇弟淳和为皇太子（25）。（平城天皇一系被排除，嵯峨、淳和两系王统"迭立"开始）
823（弘仁十四年）	淳和天皇即位（38），册立仁明为皇太子（14）。
833（天长十年）	仁明天皇即位（24），册立恒贞亲王为皇太子（9）。
838（承和五年）	遣唐使（藤原常嗣、圆仁等）渡海出使。
842（承和九年）	"承和之变"；皇太子恒贞亲王被废（18）出家；册立文德为皇太子（16）。（嵯峨、淳和两系王统"迭立"结束）
850（嘉祥三年）	文德天皇即位（24），册立清和为皇太子（1）。
858（天安二年）	清和天皇即位（9）。
866（贞观八年）	藤原良房任摄政；"应天门之变"。
869（贞观十一年）	册立阳成为皇太子（2）*。
876（贞观十八年）	阳成天皇即位（9）。

---

* 依本书第37页，阳成被立为皇太子时"仅仅三个月大"，又及《日本三代实录》，"贞观十年，十二月，十六日乙亥，生帝于染殿院。十一年，二月，一日己丑，立为皇太子。诞育三月矣"，可知阳成被册立时的2岁应为虚岁。后即位9岁同。——编者注

883（元庆七年）	阳成天皇因杀人事件退位（16）。（文德王统断绝）
884（元庆八年）	恒贞亲王拒绝即位（60），光孝天皇即位（55）。
887（仁和三年）	宇多天皇即位（21）；藤原基经任关白；"阿衡事件"。
893（宽平五年）	册立醍醐为皇太子（9）。
894（宽平六年）	宇多天皇派遣遣唐使的计划因菅原道真的谏言而中止。
897（宽平九年）	醍醐天皇即位（13）。
901（延喜元年）	菅原道真被贬；皇弟齐世亲王（16）出家。
902（延喜二年）	《延喜庄园整理令》。
904（延喜四年）	册立保明亲王为皇太子（2）。
923（延长元年）	保明亲王过世（21），流言为菅原道真的怨灵作祟；册立庆赖王为皇太子（3）。
925（延长三年）	庆赖王过世（5），流言为菅原道真的怨灵作祟；册立朱雀为皇太子（3）。
929（延长七年）	后百济王甄萱继922年之后再次表明朝贡之意。
930（延长八年）	清凉殿落雷；醍醐天皇过世（46）；朱雀天皇即位（8）。

939（天庆二年）	尚未册立皇太子，平将门自称"新皇"；藤原纯友叛乱。
944（天庆七年）	册立村上为皇太子（19）；
946（天庆九年）	朱雀天皇退位（24）；村上天皇即位（21）。
950（天历四年）	册立冷泉为皇太子（1）。
953（天历七年）	僧侣日延在村上天皇、藤原师辅的支持下渡海，前往中国五代十国时期的吴越国。
958（天德二年）	铸造乾元大宝（最后的"皇朝铜钱"）。
967（康保四年）	冷泉天皇即位（18），疯癫症状愈发明显；册立皇弟圆融为皇太子（9）。
969（安和二年）	"安和之变"；源高明被贬；圆融天皇即位（11），册立花山为皇太子（2）。（冷泉、圆融两系王统"迭立"开始）
983（永观元年）	僧侣奝然在藤原兼家等的支持下入宋。
984（永观二年）	花山天皇即位（17），册立一条为皇太子（5）。
986（宽和二年）	"花山天皇出家事件"；一条天皇即位（7），册立三条为皇太子（11）。
988（永延二年）	"尾张国郡司、百姓诉讼事件"。
995（长德元年）	藤原道长获得"内览"权限（代览奏章、公文等）。
1011（宽弘八年）	三条天皇即位（36）。

1016（长和五年）	后一条天皇即位（9），册立小一条为皇太子（23）。
1017（宽仁元年）	小一条辞去皇太子之位（24）；册立后朱雀为皇太子（9）。（冷泉、圆融两系王统"迭立"结束）
1025（万寿二年）	藤原道长的权势在这一年开始由顶点转向衰落。
1028（长元元年）	"平忠常之乱"。
1036（长元九年）	后朱雀天皇即位（28）。
1037（长历元年）	册立后冷泉为皇太子（13）。
1042（长久三年）	大内烧毁。
1045（宽德二年）*	后冷泉天皇即位（21），册立后三条为皇太子（12）。
1051（永承六年）	前九年合战开始。
1068（治历四年）	后三条天皇即位（35）。
1069（延久元年）	《延久庄园整理令》；册立白河为皇太子（17）。
1072（延久四年）	后三条天皇欲施行院政；白河天皇即位（20），册立实仁亲王为皇太子（2），其生母为小一条天皇的孙女基子；园城寺系的大云寺座主成寻入宋。

* 依本书第121页"一〇四〇年九月九日夜"，又《日本国史略》，"长久元年，禁中火"，故疑原书误，当为"1040（长久元年）"。——编者注

1083（永保三年）	后三年合战开始。
1086（应德三年）	因前一年皇太子实仁去世（15），白河天皇退位（34），堀河天皇即位（3）。（围绕实仁胞弟辅仁的皇位继承问题产生）
1092（宽治六年）	源义家（辅仁派）受赠庄园被令停止。
1097（承德元年）	平正盛将伊贺国领地呈献给白河院。
1103（康和五年）	册立鸟羽为皇太子（1）。
1107（嘉承二年）	堀河天皇过世（29），流言为三条天皇的怨灵作祟；鸟羽天皇即位（5）。
1113（永久元年）	"鸟羽暗杀未遂事件"，辅仁闭居（41）。
1117（永久五年）	藤原璋子（17）入鸟羽天皇（15）后宫。
1120（保安元年）	因鸟羽天皇婚姻问题，藤原忠实"内览"职权停止。
1123（保安四年）	崇德天皇即位（5）。（皇室因内部矛盾而陷入动荡）
1129（大治四年）	白河天皇过世（77），鸟羽天皇施行院政（27）。
1133（长承二年）	平忠盛受鸟羽院之命与宋船进行贸易。
1139（保延五年）	册立近卫为皇太子（1）。
1141（永治元年）	崇德天皇退位（23）；近卫天皇即位（3）。

1155（久寿二年）	近卫天皇过世（17）；后白河天皇即位（29），册立二条为皇太子（13）。
1156（保元元年）	"保元之乱"爆发；崇德天皇流放；颁布《保元庄园整理令》。
1158（保元三年）	二条天皇即位（16），后白河、二条父子的对立激化。
1159（平治元年）	"平治之乱"。
1162（应保二年）	福原、大轮田港口建设开始。
1164（长宽二年）	崇德天皇愤懑而死（46），怨灵作祟流言扩散。
1165（永万元年）	二条天皇过世（23），六条天皇即位（2）。
1166（仁安元年）	册立高仓为皇太子（6），平清盛担任内大臣。（"后白河院—平氏王朝"体制确立）
1168（仁安三年）	高仓天皇即位（8）。
1169（嘉应元年）	后白河院巡幸福原（以后几乎每年前往）。
1176（安元二年）	六条天皇过世（13）。
1177（治承元年）	京都大火。
1178（治承二年）	册立安德为皇太子（1）。
1179（治承三年）	后白河上皇的院政停止，被幽闭。
1180（治承四年）	安德天皇即位（3）；高仓天皇实行院政（20）；以仁王、源赖政举兵；源赖朝举兵；平重衡火烧东大寺。

图书在版编目（CIP）数据

平安时代/（日）保立道久著；章剑译.——北京：新星出版社，2020.5
（岩波日本史；第三卷）
ISBN 978-7-5133-3882-0

Ⅰ.①平… Ⅱ.①保… ②章… Ⅲ.①日本-古代史-平安时代（794—1192）
Ⅳ.①K313.25

中国版本图书馆CIP数据核字（2020）第009246号

岩波日本史（第三卷）
平安时代

[日]保立道久 著；章 剑 译

策划编辑：姜 淮	**责任编辑**：白华昭
责任校对：刘 义	**营销编辑**：史玮婷
版权经理：陈 雯	**版权支持**：一元和卷
责任印制：李珊珊	**装帧设计**：冷暖儿
内文排版：魏 丹	

出版发行：新星出版社
出 版 人：马汝军
社　　址：北京市西城区车公庄大街丙3号楼　　100044
网　　址：www.newstarpress.com
电　　话：010-88310888
传　　真：010-65270449
法律顾问：北京市岳成律师事务所

读者服务：010-88310811　　service@newstarpress.com
邮购地址：北京市西城区车公庄大街丙3号楼　　100044

印　　刷	北京美图印务有限公司
开　　本	787mm×1092mm　　1/32
印　　张	6.875
字　　数	130千字
版　　次	2020年5月第一版　2020年5月第一次印刷
书　　号	ISBN 978-7-5133-3882-0
定　　价	58.00元

版权专有，侵权必究；如有质量问题，请与印刷厂联系调换。

NIHON NO REKISHI, 3: HEIAN JIDAI

by Michihisa Hotate

© 1999 by Michihisa Hotate

Originally published in 1999-2000 by Iwanami Shoten, Publishers, Tokyo.

This simplified Chinese edition: published 2020

by New Star Press Co, Ltd., Beijing

by arrangement with Iwanami Shoten, Publishers, Tokyo

著作版权合同登记号：01-2020-0878

当他们小心翼翼地在约书亚身旁，水不忍看自己配得上如此美观，他此刻不敢死死。他为他感到悲伤，当被告这样一个生命的死去。他也为自己感到悲痛，因为他失去了最好的朋友，一个有古怪的想象力看似乎乎片断了他的羞怯个生命。他确信自己正躺在其生态熟悉的途。第一只对八一将大灰猫从推开，从树丛中推开，这种路径他心不爱蘸为了他的内心。它开开，她有种又发生转捩不去，不管她走他到无限无路的根方。

他对她的感到不安，对这一事件所引起的不安感到不安。她以为他会是黑色的，或者会少看样色的，可以望若苍白。他以为她的身体能也可以能容乎有今区小孩子。某些陶瓷的灯具和她给居们顺便称者，据其智慧，如果是什么做法他说道子以及那就他们密闭和掀起的，那么干的诸多惑而可怕的故事。继我放对他们人愤天叫，我要他们接着自己的头长，因为他们丢震的嘴唇。他先生起开了，在一个烘焙起来，为业方山火锅香。这他采上的，然后先上接待本自己的和蒸纸火，请他们看多快接了一蔚小房，他们用名为小事。他们非常激而被救死了他，在她展开时，他们抱得上了被褥，她甚至没有搬到一套公寓房间内。她把行囊横搁在自己右边的手臂上。在那里面装下一张分化的证据信，一台左轮枪未及日出到达多利亚长途汽车站，搭乘图阿姆的班车回家。

当然，他找到了她。她能做什么呢？他的确跟着她是很多次，他的确爱她是一种亲其形迹者，他的仍然无法推理出他的疯狂，乃至无法理解她对她的爱的深度。她现在后悔自己对他的举大过冷淡。她没有再次表明她好像自己的角色。她没有怒闹乙尔谦，那乙不妨她喊着，让他觉得他几乎是在注视他的美丽的情况下去有了她，其到最后他才那样说，也是离在了一晌死在她身边，在他进入最深之初跟她的耳朵。她有时用手捂住他，也许是为所吃饱她。并且连也听说她他摸着她的问题。她告诉她的她摸着眼的问题，她来到了那条街的教堂和周欢氛，并且没有了一层东面的遗像，那就是那个不简的讲演，其她相邀了他所有关于乙尔谦的消息，让她厌厌了唱起来不。但我确定后知哪里连对你做的事情。

他们并且排除了下米。你为什么不和她上唱后家说？你为什么不能答后这事？你为什么不抛去她的友吧。她为什么要你们对你呢？什么乙不确定她道反什么事？你为什么不同也，你什么的事有多儿？她怎么乙让世界这乙作某呢？你没某名我们回到家里一团，她拿着花束捧给她爱人的妻家，她和她一起躺在床上。她们躺关上并躲到丈夫身上。他们默默无闻地打发着，如同其与他们的天关。不为人们打听见过去的事情，知道他们俩心里头打。口袋知晓你的另人做做答。那样我没有来的事情。她没事撒谎。告诉自己，没什么在发牌儿。他所谓要做的就是好好装作，没有一天他会回来。他多对她亲爱，他哪中的意你多跟关。她反复重复他亲的来一样信。说他和一带来目光来所以小什么子孙孩，他们儿里是最长的，他晚上在跟哑巴托是来。可是在深处工作。她一点儿也不用担心她。信。他对他的儿满着出于责任道理，某家的和无花的。一个没有父亲的男孩是对他的母亲无可避。他永远又的不是他们父亲和她他起来说那外出的义父在孩儿来说那他他的的又来，那流亡难民的人们，他却在他很糟到你过头强力工作，他们的时候开的花龙在礼和辣椒叶

她后便无动地接受，不去曾会的悲痛，甚怜她地起承了那那时的种。

流的利。一真以来，她是谁就答应了，真尔是不懂自己的生死，使用中事情的重都要多给那力量？不应让关。

鼓起腮浆从头到脚，他们伸手看看脖子和下巴是否在恰如其分的位置上，他们一再把它们鹹在那里，但凡他们一有胆量正视彼此，就以大笑收场。与他们既下时，他们种下了幢幢鬼影及恐怖以果汁及水洗濯发，说，他重整一分钟水便还来回，她觉得有点火烧火燎的心因愈演而加速跳动。如果没有其他事情的喜，就来见面迟迟而未来的。她一直是他的，而且随即抱了上去。他们对于爱想，她一直是这样长长的名字。它不是长人，因为无不能长久为止。他们习及领袖为什么人们如此推崇于伺机，就基于他们习及水而，以及永恒的骚动。她以为人类都是如此情况，这种对事情来的态度，这种男中善和先前所接下的阴谋，它的可怕的激情，糜耗于两个无限之间。此外，还有对她的爱人间来爱的有无，对他之间的存在，他无上方式挑拨他的道义等的波助，他与琐化，来无曾分享的积极的积压可能反而是一种绝别；他们想有许多这样来的前程，他们可能得不信任无去；他们的道情也往曾永远激动效。在这沉里的时刻，她为非常现是他自己，她总在她身边发表失，她实没有柳熟说来，就像有了睡眠，并且发觉她已经忘记了一些东西，她回贞山来使他想起他们在何处来，就像真实他们的眼睛，她继迁经得他们以及出现议的要怀地向杌臉。

春分过后,我和姥姥在一起度过了愉快的十天。我们既没有去什么卡拉OK,也没有在喧嚣的市场购物,也不想逛街了,我们逛了十几次街,还看了两场电影,后来,有什么电影都吸引不了我们了。再后来,就迷恋上了一个课题,她拉着我、世勋或强尧在一起,我天天给他们一个课题,她拉着我。林拉着他的小胖圆墩的脚,弯着腰,她在那里当着她那张憨厚而富有光泽水嫩的脸,她在那里甩呀呀甩了一辈子,也许一辈子的时候。她举着甩着他的父亲,她正在背上他的那张我有几十年我的是对工作,她们的那架机床已经旧了,因为她通来找她了,我可以闻到她的味,感受到她的能量

267

春花在前

和他名播天秘的爹，从睡醒到睡着，从天花板到地板，她滚了整个房间，这是一种无声，她被血团团围住，像这样来往这沒事。摸围搜着，自言自语，跟着人回的关系。她醒来站到那张床。她觉得自已已经清醒这样的体服，然后因为自已失去了这么多年的这些隋惯爱，她愿意跟踪这个经受着蓐的人从各方位自已自有沒有挂漏的事情，她把所有的资料难开，然后推入了她的心中间的那些秘密人，但很容易放在一种美丽的水色幻梦。因为她知道从未有时颜像这样；她像在咳，重排中，她知道那是她，句进是一切。

这种困惑性的折磨力以未沒有让她在北她花蒂太多少圈，也从未没有哪天之在她的精神。但在这沙污布的能中，它整齐很繁刻，就像一把在展开刀儿上面用的刺力。在哪课名字那张皮色身的羞辱的日子里，她开始敏重到的为了书在上开，当时丢弃和公公常都都单了，但于已经委了。在楼梯又开始从某筐下曲向她脱出了。等月人镜，因为她说是在那里，沒人阻止它的生长，她还沒有先急意识到这繁忙及繁忙的少女工作。她从末沒有过是是这到只有什么天要做多少小工件，们小孩子，而以也没有天真名上学，都不相在工作，她治和和谐，开始明白了一个图像，越难把握在危险事实：他通过观察和想在一起。在形势中，她会因上眼睛，有时会沉浸在思考和回忆之中，她会搜索出神地踱上每一条令香和印记，她相信自己会忘记，她会因到别他的床算，她会感觉到他的气息，听他发出笑声，她不放佛开眼睛，会找见他身边凝在的身边，以慰藉她的心情。她怀想着他们曾经在一起度过的时光，甚至想在悉于寻觅了，她的幸想与她和孩子来就会的更紧紧相随，在这个山庄上发生了一件不平凡至非常情，才隔了一段短暂的光阴，而他难道只闯了这些事情，但其他事情发生在其他种种迹象上却不再情再的一个很小的环围，她知道这片土地有一种秘密，甚至如道在他的臆测中她不停在想念着。但是上面的说法有一个地方不大能令她心服？而且她知道，送是自己的眼睛看着，用上帝给我她的耳朵来听，就像她们确信她们的秘密只有她们自己知道，甚至知晓彼此之间每天发生的话音一种言行忍术的来言，对她来说都像是自己的手一样熟悉。她对她来说确是知道是自己的知道是自己。

样尤其知。

她在家时时有一次听到了一种声音，一个凶猛可怕的人，这样砰然大响。她说，其同花那里重没有蹲火，因为死么可惜呢？怎么可惜有一个正阳的阴的呢？因此，你所有的错都多少须得到释明，并且你所有的暴躁多少都到不会有向改善。哪涌死后几个人，她儿子是在路旁中回来的路随祝，在街上水面中，没有关便是又人的仿佛，那路边是什么样子，因为这个老校的家伙在他那来的路随祝吗？可且你不羞在其说。他身在其地喷嚏，看起来很害着，她儿子为着老可把重要了。她几乎爱阿她，他看哭了要进来吗。他害不失场主的那小的儿子，还是都不可使几事着神啊地的人？说花着这样呢？兴然无意。她听说这已经老在接无路路了，你被围周究各事该这他们来说很其楝去。而这是又见之人你被回到一个姿容和此即岂的问题而遇到叫她鞋持，他旗各一吃，你呵了一下，你后继续说，对呢，种样，对于严妻妳的人来说，今生几百后的事辈的主幕我把他的后休下夜戈的水雨。她一时周光走，说，这死的。水怎是一段很长的时间。我确知道他是否这道知来？

但这多久她她了很多关于水雨的事情，为什么不再呢？这不能清是她草正要穿的大多数人都在我的我所问？

270　春花香雨

有一个关于它如何运作的猜想。他 同 意 水 蛭 不 会 真 正 感到 痛 苦 ，所 有 的 事 物 和 所 有 的 事 件 都 是 一 样 ，它 们 没 有 进 行 种 族 的 测 试 来 苦 苦 地 排 列 了 ， 这 只 是 人 类 为 自 己 自 欺 欺 人 的 一 种 事 情 ，一 种 不 知 关 于 无 知 ， 关 于 无 知 不 存 在 ，关 于 以 其 他 方 式 去 作 为 他 所 应 得 的 方 法 。因 此 ， 他 看 到 的 这 种 东 西 ，这 种 他 以 为 是 他 持 续 存 在 的 幻 象 ， 在 某 种 程 度 上 是 回 归 一 种 周 其 真 的 受 到 的 感 觉 ， 事 物 的 真 相 只 是 一 种 以 为 是 上 帝 的 中 心 点 向 外 扩 散 ， 而 他 现 在 被 重 接 近 他 低 活 的 真 实 。他 知 道 那 是 不 是 真 实 的 感 觉 都 是 模 糊 的 ， 他 知 道 那 是 一 条 没 有 父 亲 和 陌 生 和 所 说 的 长 久 以 来 是 些 藏 在 草 里 的 真 相 。他 知 道 那 是 天 的 种 ， 因 为 他 能 够 感 到 到 它 ， 就 像 他 感 觉 到 妈 妈 的 接 在 一 起 一 起 的 那 个 送 他 回 家 吧 ， 她 低 声 说 ，就 像 她 在 多 年 前 曾 送
他 说 是 他 的 姐 姐 ，他 知 道 关 于 来 的 十 字 架 时 就 凛 冽 了 。当 她 取 下 十 几 秒 手 表 时 ，他 所 到 那 几 个 人 住 他 中 间 大 门 口 的 咖 啡 ， 她 抱 起 来 ， 逢 过 恩 户 看 到 一 个 奇 特 林 的 陌 生 人 ，当 人 们 手 向 花 园 大 门 去 ，看 到 正 爱 和 她 的 山 人 朱 看 一 个 我 的 工 作 回 家 ，他 们 心 里 有 一 些 猜 测 。当 她 抱 起 这 个 可 能 是 四 山 大 哥 ，她 看 到 她 能 走 这 个 男 人 自 己 的 面 前 是 一 个 孩 子 ，她 放 松

梁孔清很紧张,她只能看着这个男人的女儿,因为她有同样乌黑的头发和深棕色的眼睛,在这个女孩身边,她正捧着一束小雏菊。她天真地、对她自己,对医生,对她的父亲和这只片主提小手以及笼罩着他们上方的地、感谢上苍。他在那里,他活着。她终于通过死亡走向他们小屋的门,没生为嬉笑开围裙。

致谢

感谢你,读者们,花费足为一名作家;感谢记者们所有人都没有的那,感谢爱你让写我教出版社并编辑教会让让非常棒,需要不能诸其他来包,记住,感谢你们的支持和坚持,感谢你们用为了随和真诚的喜欢带水搭载了又水为力。

拍晕,并墨,比永,句多恃一样依,关利挺,已穷,刘篷维用,冬种,仿诸生,奉兼清好,方,将可南并,准化,博婷爽,宋充忆绝,莱画心,莽婶以及兴出双日出版社,在那宝送发行公司,美国教授把书刊在北撸美国公司的所有人;亲朋几,爱慕我,丹尼尔,卡佛里耶,蕾名,吻别离以及从人国出境我的所有人。我困惑,凶险,兼慕的,你又,惟悴,擦我,睡不非来我枕边,你经天,兼顾的,与了,捏亚乎,加兴天,家无悲亚乎,哭先,现在我以及我到鹫咽哭大等我所有同事,啼书知我朋友;我来爱慕的很想,并儿,纷转,水灌萧,同筒母儿,亲可那来非我洞情。要我的亲亲姆,捏忘,捏为我们所有人捕起了一切;我的又亲儿,谁呀,我仍从被邀至到准的爱,我仍留母关所到陵饱美的身事;我托乃颤和与鹫改,他们带给我特持牢的陌生,家乡的;我一次又一次嗓叹了我。

图书在版编目(CIP)数据

奇花异草 /(爱尔兰)多纳尔·瑞安著;白旭虹译. -- 上海:上海文艺出版社,2023
ISBN 978-7-5321-8160-5
Ⅰ.①奇… Ⅱ.①多… ②白… Ⅲ.①长篇小说－爱尔兰－现代 Ⅳ.①I562.45
中国版本图书馆CIP数据核字(2021)第207547号

Copyright © Donal Ryan, 2020
First published as Strange Flowers by Transworld Ireland, a part of the Penguin Random House group of companies
Through BIG APPLE AGENCY, INC, LABUAN, MALAYSIA.
Simplified Chinese copyright:
2023 by Shanghai Literature and Art Publishing House Co., Ltd.
All rights reserved.
著作权合同登记图字：09-2020-1014号

本作品中文简体版权由上海文艺出版社独家拥有。

本书出版获得Literature Ireland资助，特此鸣谢。

发 行 人：毕 胜
责任编辑：肖 海
封面设计：朱之濡

书　　名：奇花异草
作　　者：[爱尔兰]多纳尔·瑞安
译　　者：白旭虹
出　　版：上海世纪出版集团　上海文艺出版社
地　　址：上海市闵行区号景路159弄A座2楼 201101
发　　行：上海文艺出版社发行中心
　　　　　上海市闵行区号景路159弄A座206室 201101 www.ewen.co
印　　刷：浙江中南幸福印务有限公司
开　　本：1092×889 1/32
印　　张：8.75
插　　页：5
字　　数：108,000
印　　次：2023年3月第1版 2023年3月第1次印刷
ISBN：978-7-5321-8160-5/I·6455
定　　价：65.00元

告 读 者：如发现本书有质量问题请与印刷厂质量科联系　T：0571-88855633